U0938846

JINGDAI SHANHUA LANMAN SHI

静待山花烂漫时

贵州省中小学美术教学名师成长叙事

贵州师范学院美育研究中心　编

兰　岗　主编

贵州出版集团
贵州人民出版社

江西美术出版社
全国百佳图书出版单位

图书在版编目（CIP）数据

静待山花烂漫时：贵州省中小学美术教学名师成长叙事 / 贵州师范学院美育研究中心编；兰岗主编. 贵阳：贵州人民出版社，2024. 12. -- ISBN 978-7-221-18886-1

Ⅰ. G633.955.2

中国国家版本馆CIP数据核字第2024TH4737号

JINGDAI SHANHUA LANMAN SHI

静待山花烂漫时

——贵州省中小学美术教学名师成长叙事

贵州师范学院美育研究中心 编　　兰　岗 主编

出 版 人：朱文迅
策划编辑：胡　楠
责任编辑：文俊元
装帧设计：郑亚梅
责任印制：尹晓蓓

出版发行：贵州出版集团　贵州人民出版社
地　　址：贵阳市观山湖区会展东路SOHO办公区A座
印　　刷：天津睿和印艺科技有限公司
版　　次：2024年12月第1版
印　　次：2024年12月第1次印刷
开　　本：889mm×1194mm　1/32
印　　张：9.75
字　　数：220千字
书　　号：ISBN 978-7-221-18886-1
定　　价：78.00元

项目策划　聂　森
主　　编　兰　岗
副 主 编　李亦扬

序
美术教育叙事的力量

◇ 尹少淳[1]

在中学时代，我们就知道作文有三种形式：一种是记叙文，一种是议论文，还有一种是两者的结合，也即夹叙夹议文。这似乎是人类用文字表述的主要形式了。中小学记叙文受到高度的重视，其中有人物描写、景物描述及细节描写，但更重要的是在时间、地点框架中描述事情的变化、人物的内心世界的丰富性。记得上学时，所谓文章写得好，主要表现在记叙文上。一位语文老师至少要上两个班的语文课，对满意的作文，他不仅在班上朗读，还会跑到隔壁班去朗读。我们常常羡慕那些文章写得好的同学，因为他们的文章能够拿到其他班去出风头。自己偶尔有“佳作”被拿去朗读，也会得意好一阵。我生活在一个特殊的时代，因此较早知道了议论文，而且其指向的是大批判，从而也知道了概念、逻辑及论证的方法。在这个过程中，我知道了一个新的形式，即先叙后议文或夹叙夹议文，也即先叙述一起事件、一项事实，然后加以分析、论证。

① 尹少淳：首都师范大学教授、博导，教育部美术课程标准研制组组长，中国美术家协会少儿艺术委员会主任。

这为我以后的学术研究和论文写作带来了极大的裨益。

教师作为社会的一个特殊群体，也需要会写文章。在他们的成长过程中不可避免地也要用到议论文，尤其是在大学的学位教育中，他们需要撰写数千、数万乃至更多字数的议论文。学位论文或毕业论文基本上是以议论文的形式呈现和存在的。

21世纪以来，随着教育改革的推进、教育观念的更新和教育实践的深入，一种被称为教育叙事的研究方法开始在教育研究中普及。这是一种以记叙文为主的文字表达方式，同时体现出一定议论文的特征。

教育叙事被定义为一种特殊的叙事形式，指的是教育实践者叙述自己或他人在教育教学中的真实情境、事件和过程。教育叙事通过讲述教育故事来研究和理解教育现象和个体化的教育经验，揭示教育过程的复杂性、多样性和动态性。教育故事的叙述者的亲身经历和感受为教育研究提供了丰富的素材和独特的视角。这些故事通常包含教育实践中的问题、挑战和解决方案，以及教育工作者与学生之间的互动。

教育叙事具有三个主要特点：其一，真实性。教育叙事基于真实的教育实践和事件，具有真实性和可信度。这些故事是教育工作者亲身经历的，能够反映教育实践中的真实情况。其二，情节性。教育叙事通常具有一定的情节和人物。它以生动、形象的方式勾画教育实践中的事件和情境，让读者有深刻的体验感。情节具有吸引力，能引发人们对教育意义和价值的思考。其三，反思性。教育叙事在对事件描述的基础上，进行反思和总结。反思使教育工作者对自己的教育实践进行评估和改进，不断提高自己的教育教学能力和专业素养。同时，反思也可以帮助读者汲取经验和教训，加深理解和应用教育理论和进行教学实践。

叙事的前提是有事可叙，教育叙事则是有教育之事可叙。这本集子收入了在基础美术教育工作多年的23位贵州名师的教育叙事。这些老师来自省城、地级市、区县和乡村，每个人都有不同的成长过程和教学经历，并在各自的基础上取得了不俗的成绩。编者将23篇叙事粗略地分为“团队的力量”“课程改革的践行者”“全能型的‘中师生’”和“他们从乡村走来”四个大板块，之所以说是“粗略”，是因为这四大板块中存在着交集和互融。通览全书，我们会发现一些集中的关键词，如求学、职业、困难、挑战、成长、美术、美术教学、农村教育、读书、学习、交流、比赛、团队、名师、经典、传统文化、地方资源……每个人在这些关键词上的偏重和表现也不一样，掰开每个关键词，每个人都有自己的精彩故事。这些故事中有情、有思、有发现、有创造，平和朴实，鲜活感人，具有触动心灵的力量，能使读者深受启发，起到学习、借鉴、激励的作用。

这本书取名《静待山花烂漫时》，相信其中的叙事生发的是榜样的力量，而榜样的力量是无穷的，将会激励更多美术教师在自己的岗位上奋发努力，实践创新，不断成长。也希望看到更多的美术教育叙事发表，有更多的优秀美术老师含苞怒放，在贵州的绿水青山之中“山花烂漫”，绘就一幅诱人的美术教育画卷。

于2024年五一国际劳动节假期

前 言

2022年，教育部等八部门印发了《新时代基础教育强师计划》的通知，强调要“遵循教师成长发展规律，以高素质教师人才培养为引领，以高水平教师教育体系建设为支撑，以提升教师思想政治素质、师德师风水平和教育教学能力为重点，筑基提质、补短扶弱、做优建强、全面提高教师培养培训质量，整体提升中小学教师队伍教书育人能力素质，促进教师数量、素质、结构协调发展，为构建高质量教育体系奠定坚实的师资基础。”通知还指出，要“创新师德教育方式，通过榜样引领、情景体验、实践教育、师生互动等形式，激发教师涵养师德的内生动力。”高质量教育体系的构建，需要以高质量教师队伍的培育与建设为基础，而优秀教师的成长历程和规律，对广大教师特别是青年教师的师德师风、职业精神、专业素养的提升，无疑具有启示、引领和示范作用。

为全面贯彻落实习近平总书记关于美育工作的重要指示和教育部等八部门《新时代基础教育强师计划》的有关要求，为研究探索贵州省中小学美术教学名师成长规律，充分发挥贵州省中小学美术教学名师在思想政治素质、师德师风及美术教师专业水平方面的榜样和引领作用，贵州师范学院美育研究中心组织编写了《静待山花烂漫时——贵州省中小学美术教学名师成长叙事》一书。拟通过此书的编撰和出版发行，探索贵州省中小学美术教学名师专业成长路径及规律，彰显这些名师的正能量，介绍并分析他们在立德树人、以美育人方面的事迹和感悟，让更多的中小学美术教师从他们的成长案例和事迹中得到启发、受到感召、坚定信念，为他们在中小学美育工作岗位上的成长和发展寻找到适合自己的道路，并借此推动贵州省中小学美术教师专业成长建设工作。

为确保本书内容的真实性、规范性和专业性，我们在广泛征求意见、充分调查研究的基础上逐级推荐，选择了23位师德师风良好，教学专业能力强，教育教学成果显著，在全省中小学美术教育教学领域具有一定影响力，对贵州省中小学美术教师成长和专业发展具有启发、引领、示范意义，目前仍在职在岗的中小学美术教学一线优秀教师和美术教研员的专业成长和教书育人案例作为本书基本内容。

组织编写本书还有一个初衷，就是向入选本书的23位名师及贵州省广大的中小学优秀美术教师表达我们的敬意。这23位老师在贵州省中小学美术教育教学这个岗位上大都工作了20年以上，他们将自己的青春和汗水都奉献在贵州中小学美术教育教学的土地上。客观地讲，贵州中小学美术教育教学这块土壤并不肥沃，在某些方面甚至可以说是贫瘠的，诸如教学资源匮乏、对美术学科的轻视、美术老师被边缘化等。但这些老师心怀教育初心，坚持心中梦想，把在工作和自身专业发展中遭遇的艰难困境转化为内在驱动力，战胜种种困难，最终开创了一方中小学美术教育教学的天地，既让他们的学生得到了美育的滋养并惠及生命的成长，也获得了学生、学校、家长和社会各界的认同和尊敬。对这23位老师及贵州广大的中小学优秀美术教师为贵州中小学美术教育教学所做的贡献，我们理应铭记!

本书内容并非23位老师的理论文章或学术研究的汇编，而是他们对自己十几年、二十几年甚至三十几年美术教育教学生涯的回顾与梳理。他们用叙事、讲述的方式，从各自不同的角度，向我们介绍了自己在立德树人、以美育人及专业成长等方面的实践、感悟和探索。比如在美术教育教学实践中遭遇到的困境及突破方式；在长期教育实践中对美术教育价值及意义的领悟；在教学改革探索方面的实践与体会；在帮助年轻教师成长方面的做法和经验；在与学生共同成长中凝聚的情感和友谊，等等。这些事迹和案例，都是23位老师亲身经历的真实事件和他们切身的体会。在他们的叙事中，没有什么大道理，也没有什么豪言壮语，而多是以朴实、平和的语言讲述了他们在教书育人过程中的所遇、所感、所想、所为。虽然他们讲述的事情是平淡的，语言也是朴素的，但其中却映射出他们内心的教育理想和情怀，体现出他们对美术教育教学的执着与热爱，渗透出他们在实践中积淀的美术教育经验与智慧，也反映出他们对学生生命成长的关切与呵护。相信他们所做的这一切及所思所悟，对后来者，对年轻的美术教师，对有志于中小学美术教育教学的青年，都具有榜样、感召和激励意义。

根据23位美术名师叙事的内容、角度和他们成长经历的不同，同时结合编写主旨，我们将本书分为四个篇目，即“团队的力量”“课程改革的践行者”“全能型的‘中师生’”“他们从乡村走来”四个主题。在每个主题前均有一篇导读性质的短文，意在帮助读者更准确地把握本篇旨意，更全面和深入地了解本篇所介绍教师的成长规律，以及他们在中小学美术教育教学实践中所显现出来的勇气、能力和智慧。如果能让读者通过本书的阅读，对教师这份职业的深刻意义有所思考、有所感悟，对中小学美术教师这个岗位的责任和价值有所认识，对贵州中小学美术教育教学的明天树立起信心，那将是我们最大的愿望！

教育是“静待花开”的漫长过程，它不能急功近利、急于求成，这于学生如此，于教师同样如此。包括这23名美术教学名师在内的贵州广大中小学美术教师，为了孩子们生命中不缺失美的浸润，在贵州中小学艺术教育的这片山地默默地耕耘。他们的坚持和努力，定会换来漫山遍野的山花盛开。这烂漫的山花，既象征着那些得到了美的润泽的孩子，也象征着这些老师在经历了生命中种种风雨沧桑后美的绽放。

贵州师范学院美育研究中心

贵州省中小学美术名师工作室

贵州师范学院工作站

2024年5月

目 录
Contents

第一篇

团队的力量

20年前的夏天，在贵州省中小学美术骨干教师培训班上，我认识了王松老师，20年来与王松老师的联系也一直没有间断过，无论作为兄长、还是朋友，我对王老师的印象就是他待人真诚。这种真诚也体现在他面对所热爱的美术教育事业上，体现在他作为一位美术名师带领团队共攀高峰的前行路途上。20年后的今天，美术名师成长叙事的开篇章节以王松老师的成长叙事起首，而我又非常有幸，为此篇章撰写点评，也冥冥中扣合了“团队的力量”，因为我也曾是贵州省中小学美术教师团队中的一员。从初中美术老师到高中美术老师到大学美术专业老师，我始终没有离开过美术教育的大团队。细读各位美术名师的成长叙事，我的脑海里也浮现出一幕幕自己曾经在中学执教时的画面，共情于他们的喜悦、苦恼、泪水和汗水。在近30年的贵州美术基础教育的前行路上，在贵州省美术教研员兰岗老师的引领下，这支团队当中涌现出许多优秀的美术教育工作者，其中一部分教师已成长为具有一定影响力的美术名师，而他们又带领着各自的团队，深耕美术教育事业，将手中的教育接力棒向年轻教师传递。这支团队是一支扎根贵州，乐于奉献的美术教师团队，而其中的佼佼者，用他们的成长叙事在这里讲述了美育道路上的艰辛、快乐和收获。正如鲁迅先生为北大校徽设计寓意所言，三人成众，必有一长，更代表了一种无私往上托举的师生关系。

一、团队的形成与使命

古人云：“国将兴，必贵师而重傅”。党的十八大以来，以习近平同志为核心的党中央高度重视教师队伍建设工作，教育部启动实施了一系列教师队伍建设工程，其中“双名工程”的启动与实施便是贯彻落实党中央关于培养新时代“大先生”和教育家型名师名校长的重要举措。在此背景下，各名师工作室及名师团队应运而生。

教育部全国中小学幼儿园教师校长培训专家工作组秘书处秘书长黄贵珍女士指出：“名师的选拔和名师工作室的建立是中国智慧与中国探索，是一种国家行动，它的使命是扎根于中国大地、聚焦中国教育实践的有益探索与尝试，通过国家层面不断完善顶层设计、地方政府不断跟进实施、培训基地不断完善培养方案，形成了具有中国特色的培养教育家型教师与校长的中国经验与中国智慧。”作为贵州中小学美术名师工作室团队的主持人，她既是一线教师也是教师“领头羊”，其使命就是贡献个人智慧，凝聚团队精神，乐于奉献与成就他人，与团队共荣共生，服务基础美术教育。

在贵州省中小学美术教育这片土壤上，有一群执着追求、砥砺前行的教育工作者，他们从普通的中小学美术教师，成长为省、市级名师，成为美术教研员。这些成就的取得，既得益于自身的不断学习和进步，也得益于贵州省美术教育的大环境。他们在团队中成长为“真”老师、“好”老师，同时，还要努力成为有思想、懂研究的教师“领头羊”。他们要树立成就别人的同时，也是在成就自己的使命感。无论是名师还是教研员，都要有甘愿“为他人作嫁衣裳”的精神。

二、团队的价值与追求

一个优秀的团队，其领导者一定擅长营造一个充满信任、包容和安全的集体环境。在这个集体中，团队成员能大胆地提出自己的见解，敢于尝试；每个成员能充分、无私地贡献自己的力量，让团队的整体效能超过各部分之和，由此而推动团队向更高目标迈进。

在本篇名师成长叙事中我们可以看到作为教育部领航名师的潘彬， 以“一个人可以走得很快，但一群人可以走得更远”的切身感受，从个人研修变为团体研修，她的名师工作室涉及贵州省9个市州46所中小学共51名成员，工作室历经了10年的发展并受邀国家中小学智慧教育平台开设“潘彬名师工作室”专栏，分享教育教学经验，收获全国3000多名教师关注，浏览量达到3万多人次。王松老师建立遵义市首期、第二期中学美术名师工作室，先后培养指导近百名美术教师成长，孵化各地名师工作室6个。安顺市西秀区美术教研员孙艳梅老师有2年的农村学校支教的宝贵经历，她本着“纸上得来终觉浅，绝知此事要躬行”的态度，带领团队在美术学科进行区域教研探索、实践，形成互帮互助、共同进步的集体。而邬义波老师是得益于王松名师团队建设而成长起来的新一代名师，他接过了遵义王松老师名师工作室的接力棒，如今又像当初王松老师作为导师对他的指导和引领一样，去带动新的一批教师团队成长。邬老师牵头组织当地8所学校按照“新课标”的要求推进高中美术模块课程的实践与研究，形成遵义市高中美术课改教学成果并进行推广交流，其团队荣获“遵义市优秀名师工作室”称号，邬义波老师也被评为市级优秀名师工作室主持人。遵义市新舟区的佘洪玲老师也是王松老师首批名师工作室学员，她受益于王松老师提出的“专业美术教师的两条腿走路”，既钻研美术教育教学理论，又塑造专业底气、补足学科专业能力。所以当她自己成长为区级兼职教研员后，又以自身的感受和经验带领自己的团队成长。

本篇中鲜活的案例和叙事，呈现了名师与名师工作室团队存在的价值和意义，那就是携手共进，汇聚智慧；扎根基层，薪火相传。

三、团队的当下与未来

目前，美术名师工作室包含了教育部、省、市、区各级美术名师工作室，乡村美术名师工作室等。作为名师工作室的主持人，如何带领好团队，建构具有个人标识的名师团队，更好地服务于老师、学生和学校，这是名师团队当下最重要的任务。特别是核心素养教育理念视域下，美术名师团队需要做到的一是名师工作室教学教研经验的凝练及内涵建设；二是工作室规划共同愿景，凝聚力量；三是工作室管理规范及良好的基本建设；四是工作室务实精进，做强活动，扩大影响。

面对未来，聚焦二十一世纪的人才观、教育观，美术名师工作室还会面临很多挑战，但同时也充满了发展机遇。2022年，为深入贯彻落实习近平总书记关于教育的重要指示和《中共中央　国务院关于全面深化新时代教师队伍建设改革的意见》的精神，教育部等八部门印发了《新时代基础教育强师计划》的通知，并启动实施第三周期的新时代中小学名师名校长培养计划（2022—2025），简称“双名计划”，其核心是培养引领基础教育改革发展的新时代“大先生”。教育兴国，教师先行，新时代“大先生”的培养需要一代又一代的教师团队及新一代的名师们改变固有的传统思维，以全新的学习型组织来建设团队。我们的名师应站在系统思维的角度，通过学习提升整体运作“群体智力”和持续的创新能力，实现团队和个人的自我超越，聚焦共同愿景，解决师生发展中的问题，通过有效、深度的学习，构建一支又一支立足本土，具有创新精神和服务于教师、学生和学校的教育团队，培养一批新时代的美育“大先生”。

涓涓细流汇成大海，点点星光耀亮银河。无论此刻作为读者的你是一名资深教师抑或刚踏入美术教育大家庭的年轻教师，我想，我们每个人必将成为美育大家庭里的涓涓细流、点点星光，滋养和照耀成千上万的学子，让他们在美的教育浸润下茁壮成长。

李亦扬

可以说，“教育世家”的家园情结是我三十年教育生涯最浓厚的底色，也是我始终站在教学一线而心无旁骛的至诚。

——王松

王松，贵州省特级教师、美术正高级教师，遵义市第一初级中学美术教师，贵州省黔灵名师，贵州省首届基础美术教育初中美术学科兼职教研员，遵义市教学名师，遵义市美术王松名师工作室主持人。曾任遵义市红花岗区和遵义市兼职美术教研员。主编出版遵义市中小学美术地方教材共12册，主编遵义市优秀传统文化红色绘本11册。近二十年来专注于教育科研与教师培训，建立遵义市第一期、第二期中学美术名师工作室，先后培养指导近百名美术教师成长，孵化各地名师工作室六个。现为贵州省美术家协会会员、遵义市美术家协会副秘书长、遵义市油画学会副会长、遵义市美术馆首届艺术委员会委员、遵义市红花岗区九三学社社员、遵义市红花岗区人大代表。

行走在人生的中轴线上

◇遵义市第一初级中学　王　松

我出生在遵义市的一个教师家庭，市政府还曾授予过我家五代“教育世家 ”牌匾。从孩提时起，我就生活在教育家园的环境里，我的父亲、母亲也都是我从小仰望的教育典范。“教育世家 ”承袭下来的教育传统对后来从教的我有着深刻的影响。我深知作为一名教书育人的美术教师，首先要“以业务立人”，不愧对学生，这是一名教师有理由站在讲台上的初心。从参加工作开始，我就立志要当一名“真”老师、“好”老师，还要努力成为一名有思想、懂研究的教师。可以说，“教育世家 ”的家园情结是我30年教育生涯最浓厚的底色，也是我始终站在教学一线而心无旁骛的至诚。

一、艰难而执着的求学之路

回望过去，我的求学经历并非一帆风顺。我从中学开始就有报考美术专业的愿望，但因实力不济，几次名落孙山。在那个年代，跟很多社会准专业考生同台竞争，仅凭初心和满腔热情，但专业基础薄弱的我并不具有任何优势。后来，我改读贵州广播电视大学汉语言文学专业，系统学习了文艺概论、中外文学、文字学、教育学等学科。1992年我参加工作，担任遵义市第三职业高中美术教师，至此走上从教的道路。在担任美术专业课教学的同时，还兼教历史、地理等学科，但心中却始终割舍不了美术情结。我也清楚地知道自己的人生起点并不高，还需要继续努力学习专业知识，不断提升自己的美术教学水平。早年的求学经历和挫折让我长时间难以建立自信，茫然与困惑伴随我近两年时间。但在我内心深处，一直都在期待改变自己，渴望得到专业深造。现在看来，文学的底子和多学科的教学对我的后续发展都有着深远影响，只是当年的我还没有这样的意识。也许完美是一种可怕的缺陷，而缺陷往往又是可爱的。

念念不忘，必有回响。1994年的一个偶然机会，我进入西南师范大学美术学院研习油画研究生课程，从此我有了仰望艺术山巅的可能。在校的两年时间里，我除了努力提升油画专业技能以外，还潜心研读《剑桥艺术史》《艺术哲学》《艺术发展史》《艺术风格学》《艺术中的精神》等大量艺术理论书籍，并在书页中留下很多的圈点勾画及心得体会。与艺术对话、与大师对话培育出来的艺术素养，奠定了我从事美术教育教研的坚实基础。那是一段充实而美好的时光，在进行专业能力发展与理论研究补充的过程中，我深刻地感受到，虽然教学工作与美术专业是两个不同的领域，但其原理与初衷是一样的，艺术和教学都在滋养着我，使我不断成长。而能以艺术的眼光看待美术教学，将会是美术教学的最高境界。

二、步入美术教研之门

我真正在教育教学研究上的起步应该是从2000年开始的。那年我参加了全省美术优质课竞赛，荣获高中组第一名。这次竞赛的成功，使我的自信心得到很大增强，教学上也迎来了新的发展机遇。从此，在老师们的鼓励和指导下，我开始走上兼职教育教学研究的道路，同时也深切地感受到了提高自身教育教学专业研修水平的必要性和紧迫感。2004年至2007年，我在贵州师范大学攻读了美术学本科学历，从理论和实践上更加夯实了自己的美术教育教学素养。在担任红花岗区和遵义市美术学科兼职教研员期间，我也有过犹豫和纠结，因为担任教研员，意味着要挤出更多的精力和时间用于教学研究和各种教研活动的组织工作，这势必会对自己热爱的美术专业产生不好的影响。经过一番慎重思考，我最终选择教育教研作为我事业的中轴线。我确信教育教研这条中轴线不仅有助于我在更大的教育平台上有着更好的发展前景，而且也可以把我最依恋的教育底色渲染得更加厚重和亮丽。

世界上没有一个人的成长是孤立的成长。对于一名年轻教师来说， 教研员的职责和工作性质是很难得的学习发展基础。二十一世纪的前十年，正是我国义务教育课程改革的关键时期，改革的浪潮给予我很多学习和探寻的机会，对我的教育研究和教学能力的提升帮助很大。我和所有的美术教师一样，要感谢这样的时代，感谢引领我成长并带领我跨入教研领域的兰岗老师和遵义的教育前辈们。兰岗、谢以家、张厚昌等老教师们的教育风范，至今都是我学习的榜样。他们开垦的教育教研园地如高山之巅的家园，而我还只是一个行走在中轴线上仰望家园的登山者。

近十年的时间里，我组织开展了很多的美术教研活动，积极与省级美术教育专业委员会联系，参与了全省教育科研课题培训、美术优质课竞赛等重大活动，与其他兄弟市和地区的学科联谊，相互交流学习，积极跟上课程改革的步伐，转变教学观念。付出与努力往往和收获等值。在全省的优质课竞赛、论文评比和学生美术作品评比等活动中，遵义市美术学科都取得了较好的成绩，成为贵州省美术教育、教研不可忽视的一股力量，得到贵州省教育厅和贵州省教育科学院的认可和好评，为遵义市的美术教育教研工作赢得了荣誉。

在兼任美术教研员期间，我有一个深切的体会，就是教研员的工作在成就别人的同时，也是在成就自己。我就是在教研工作中逐渐地增强了自己的教学教研和组织能力，在个人专业发展上也取得了可喜的成绩。这期间，我的教育教研论文和美术作品开始在省级、国家级刊物上陆续发表，其中《论遵义市“红色美术文化”资源在中小学美术教育中的应用价值及途径》一文发表于《贵州教育》杂志，《以学生为本是同课异构的根本原则——〈夸张的脸〉同课异构教学研究》、油画作品《风景》分别发表于《中国美术教育》杂志。近年来还相继辅导并推荐多篇教师论文和教学案例发表于《中国美术教育》等教育杂志，在贵州省教师教学案例评比中取得较好成绩。我深感作为教研员必须努力使自己站在更全面的角度认识中小学美术教育与教学，思考课程建设与改革的发展方向，从整体宏观的角度看待课程体例与具体教学目标的关系；必须使自己成为一名研究型教师和有组织能力的学科带头人。这些历练都为我后来的发展和成长奠定了坚实的基础，为我在美术专业上开启了顺利成长的道路，也给我带来了更多的自信心。虽然后来由于工作安排，我不再兼任教研员的工作，但我仍然坚持钻研，尽自己最大的努力为遵义市的美术教育做出力所能及的贡献。在这期间，我和教师们建立了深厚的同道友谊，每逢相聚，谈论的主题总离不开教育教研的话题。思想的碰撞、平等的交流，总让我们把每一次相聚看成是回归家园的起点。时至今日，遵义市美术教师队伍的很多中坚力量都与那段时间教育教研的发展有直接关系。我和他们始终保持密切交往和联系，这份深厚的情谊让我们始终快乐地走在认定的中轴线上，默默耕耘着我们的美术教育家园。

三、探寻“红色美术文化”课程资源开发途径

2008年我开始走上了一条系统研究的道路。我与几位老师共同成功申报了省级重点课题《遵义市“红色美术文化 ”资源在中小学美术教育中的应用及实验研究》并担任课题组负责人。课题历经四年研究完成并顺利结题。课题研究范围辐射了遵义市6个实验区县和21所实验学校，在遵义市产生了较好的反响。从2010年开始，由我主持编写的《遵义红色美术地方教材》，2014年3月经贵州省中小学教材审定委员会审定通过，由浙江人民美术出版社出版，在全市发行。遵义市近五十万名中小学生、近千名美术教师长期使用该教材，形成了较完整的地方美术课程体系。该教材及其推广使用作为课题研

究的成果之一，是本课题荣获贵州省教育科研成果评比一等奖的重要支撑。课题研究的过程是艰辛的，那个时期，我除了白天完成教研教学工作外，时常挑灯夜战、笔耕不辍，付出大量的时间与精力，先后撰写了近二十万字的研究文稿。虽然到2019年因为教育部对全国地方课程开发的新规要求，教材没有再发行，但是这套教材和开发的地方课程在遵义市的影响是深远的，它对遵义市中小学进行红色文化、革命文化的传承传播起到了积极的推动作用。

2017年正值遵义市优秀传统文化学生读本（绘本）工作铺开，因为有课题研究成果的支撑，我信心满满地接手《遵义市红色文化教育丛书（绘本）》的创编工作，尝试将《放牛娃李光》《四渡赤水》《一张买猪条》《一枚金戒指》等脍炙人口的红军故事通过绘本一一表现出来。经过近两年努力，共编绘完成绘本 11 册，由贵州人民出版社出版发行，绘本的发行促进了红色革命历史文化和长征精神的传播， 进一步拓展了美术地方课程开发的广度和深度，使红色革命文化和长征精神有了更大的影响力和更强的传播力。如今红色文化资源的课题研究在原课题基础上逐渐向纵深发展，已先后申报立项两个市级课题，分别从蜡染文化与红色文化结合、红色文化主题创作课程实验研究等方面推进。

2016年，我申请成立了遵义市首个美术名师工作室。名师工作室在当时是一个新事物，在成立初期，我们在认识上还是比较模糊的。如何保证工作室的正常业务开展，如何建立工作室的教育理念、工作框架，发展目标如何规划等问题，需要我和全体成员共同思考。通过多次参观学习、交流，思路才逐渐明晰起来。我提出工作室培养计划坚持“两条腿走路”的策略，即既要在教育教学业务上有明确的培养和提升计划，又要尊重美术学科独特性，重视美术专业发展。通过“两条腿走路”逐步建立起美术教师的专业自信心，激发出他们的教育、教学和教研热情。经过一段时间的努力，工作室成员逐步从专业生疏、情怀淡漠的怪圈中走了出来，改变了以往不从事艺术创作、不参加艺术活动的消极状态，重新激发起教师们对艺术的热情，呼唤出教师们对艺术的情怀，并自觉将这种专业情怀迁移到美术教学中来。这些教师以专业素养的魅力感召学生，成了学生心目中的偶像和明星。专业的自信促进了教学的自信，老师们逐步挖掘出自身潜在的价值，从中感受到美术教育教学事业的快乐。从我市随后建立的几个名师工作室来看，都先后遵循了这一发展思路，也取得了较好的效果。我近年来也在教学之余，潜心美术创作，作品多次参加各类型展览。2020年油画作品《朋友圈·疫情》获《中国美术教育》杂志“同心同创·共抗疫情”主题师生美术作品评选教师组特等奖；油画《红色印记》《室内》两件作品被遵义市美术馆收藏。我还担任了遵义市美术馆第一届艺术委员会委员，遵义画院特聘画家。每每有闲暇我就与老师们一起户外写生，锤炼技艺、提高意识，假期时间我多次自费外出学习开阔眼界、与外地画友交流切磋，也和很多有建树的画家建立了良好的关系，多次邀请他们来遵义为老师们讲学示范，在一定程度上对老师们的美术专业能力发展起到了推动作用。

四、凝聚团队的力量

美术名师工作室建设离不开理论的学习，没有理论支撑，教师培养就如空中楼阁，没有根基。从教学理念到教学评价再到理想课堂的研讨，美术名师工作室都制订了一系列的理论学习计划，邀请省、市教育专家开设专题讲座和示范培训。同时我们始终坚持以科研带动教学的理念，从 2019 年开始，工作室成员、学员教师先后自主申报立项各级课题达6个，其中市级课题3个，尤其是《中小学美术学科核心素养发展与养成评估方案的建设研究》作为工作室全员参与的课题，已经进入到研究中期阶段，重点探索怎样从学校美术教育到社会教育全面地评估学生核心素养发展与养成上的规律。经过长期探索，我们创设了“主题单元式评估教学课程 ”模式，以问题情境式、任务驱动式教学策略分阶段对学生做出核心素养成果的评估和指导，并研制出了《中小学生核心素养评估标准》《主题单元课程评估-观课评估表》《中小学生成长记录册》等阶段性成果。虽然课题还处于研究阶段，且有很大的难度，但是我们始终认为这一课题研究还是有很好前景的。课题研究不仅更好地促进了教师们理论水平的提升，还引导更多的教师步入专家型教师的行列，同时，该课题已经催生《中小学生心理建设与核心素养评估的实验研究》市级课题立项，并开展了同步研究。

美术名师工作室的建立让我从一个人的跋涉，变成了一群人为了教育理想而共同前行的“长征”。教师们在工作室彼此关怀、相互提携、共同研究，营造了很好的学习与研修氛围。我与学员老师们建立起亦师亦友的良好关系。平等、互惠、 共生的工作室建设原则使每位教师都有了发展与锻炼的机会，都有了自主研究与协作发展的能力。同时，无论是课题研究还是工作室日常研修培训，我们始终以“求真务实 ”的探究精神和严谨认真的工作态度对待学术问题，我主持的课题始终坚持独立研究，坚决杜绝抄袭与剽窃。我在学术上坚持本有的初心和原则，为老师们树立了表率。经过多年的努力，工作室在教师专业发展与能力提升方面初见成效，工作室至今已孵化出6个各级名师工作室，教师职称晋级普遍推进，很多年轻教师参加各级美术优质课、基本功大赛均获得优异成绩。由于我在艺术专业和美术教育的理论与实践方面取得一些成绩并在遵义市产生一定的影响，遵义师范学院美术系特别聘请我担任《艺术概论》课程教师。近几年我相继应邀到贵州民族大学、遵义师范学院和凯里学院等院校开设讲座，到贵州省黔南布依族苗族自治州罗甸一中指导学校申报示范性高中美术学科建设。担任贵州省民族教育“双百工程”专家组成员，指导贵州省黔东南州凯里市万潮中学、黄平县第二中学青年教师，都获得较好的效果。工作室在全省范围内扩大了影响，树立了美术专业与教育教学双轨并举的形象。基于这些成绩，我的工作室在2018年荣获遵义市“优秀名师工作室”称号。

平日里，我在与老师们交流中渐渐形成了这样的共识：一个优秀的美术教师要学会准确把握国家、地方的教育教研脉搏，做到与教育教研的整体发展同频共振。回顾课题研究初期，正是因为我们敏锐地关注到核心素养理念的建设，及时判断出周边地区对核心素养发展与养成的评估研究滞后，这才将课题研究的方向最终明确了下来，并且通过综合与探索领域课程的教学实验，梳理素养评估的研究思路，创造性地提出了“主题单元评估课程 ”的研究实验方向。事实证明，这一思路是具有前瞻性且符合国家课程改革理念与具体实施策略的。

我自认为是个比较愚钝的人，很多地方都不如我的同道们，所以我始终保持谦虚谨慎的学习态度，也懂得包容更多的人。由于性格与观念的原因，自己有意避开了社会中的种种利益诱惑，也成功避开了工作上遭遇到的许多“陷阱 ”。我始终坚守教研教学与专业发展之初心，为自己设定了一条人生中轴线，我的脚步始终坚定地走在这条人生中轴线上，这种笃定的力量来源于我内心崇尚的家国情怀。一个人一辈子要始终如一地做好一件工作实属不易，我庆幸自己的身边有一群永葆初心的同道，有热心提携与引领的导师，让我在付出艰辛努力的同时，也收获了丰盈的精神财富与幸福的人生体验。

作为一名学科教师，不应该将自己禁锢在某一个学科内，更不要禁锢在某一个学段，而应该从更广阔的视野去认识和理解教育，以及我们这个学科在教育中特有的价值意义，只有足够全面、整体地理解学科和教育，才能更好地肩负起新时代的育人使命。

——潘彬

潘彬，贵州省贵阳市尚义路小学教师，从事美术教育教学研究28年，美术正高级教师，贵州省特级教师，贵州省教学名师，教育部名师领航工程潘彬名师工作室主持人。2021年中宣部、教育部表彰“最美支教团队”代表，“十四五”国培计划专家库成员，贵州省教育学会美术教育专业委员会副会长，贵州省优秀教师，贵州省骨干教师，贵阳市首届名教师，贵阳市高层次创新型教师，贵阳市课改优秀个人，贵阳市科研专家库成员、贵阳市学科教育基地指导专家。贵阳市第一期、第二期名师工作室领衔人，并获优秀名师工作室称号。《贵州美术文化“走进”小学课堂的教学研究》获贵州省第四届教学成果二等奖。在教育部智慧中小学平台开设“潘彬名师工作室”专栏，分享教育教学经验，收获全国三千多名教师关注，浏览量超三万多人次。

从零分开始，一分也是进步

◇贵阳市南明区尚义路小学 潘 彬

这辈子我很幸运能够成为孩子们的美术老师。每天都有学生惦记着，看到我就会巴巴地跑来问好；准备好需要的美术用具等我上课；课堂上拿着自己的作品满心欢喜地等我夸奖；因为喜欢我所以表示未来要成为画家或美术老师；询问班主任美术课为什么一周只有两节，太少了；用自己的作品装点学校……和孩子们一起，点点滴滴皆是美好，每天都能和他们在一起，感受被爱的味道，这实在是最幸福、最幸运的事。

时光如梭，从事基础美术教育已有28个年头，其中有6年执教语文、9年担当班主任，一路走来并不容易。我把我这28年的教育生涯梳理了一番，大致分可为四个阶段，分别是：从零分开始、从个人到团队、从形式到内容和从美术到教育。

一、从零分开始

1996年8月从师范学校毕业分配到尚义路小学，第一天登上讲台时，我还有25天才满19岁，青涩年少的我，就已经是一年级小学生的班主任和语文教师。周遭事物都是崭新的、陌生的，谈不上对新身份的认知，只能一边观察周围的老教师，一边依样画葫芦地学。任职两周后，刘校长的听课使得我不得不重新审视自己。某天排队放学时，在校门口碰见刘校长，她说明天要来听我的课。既然如此，我总要提前准备一下，可老教师们都已下班，当时家庭电话还未普及，无法向老教师询问，也没有网络可以查询，只能硬着头皮将语文教材与教参书背回家中自己摸索。第二天，刘校长与年级教研组长如约而至。上课10分钟后，我就将能说的都说完了，也不知道接下来该怎么办，只好缓步走向后排听课的刘校长，小声说“我上完了”。还在写着听课记录的刘校长猛地一抬头，一脸茫然地看着我，教研组长亦是。不过组长很快调整好状态走上讲台，完成了后面30分钟的授课，我则由授课者变成了听课者，当时内心很不好受。如果要给我上的这节课评分，零分也不为过。这10分钟暴露的问题是：教学只是以教师唱“独角戏”的单一形式进行，没有引导学生思考和回答问题，没有关注到学生的学习规律，这些都暴露了我对什么是课堂教学缺乏认知，对基本教学技能的严重缺失。很显然，今天的授课是失败的，我这个老师自然也不合格，还白白浪费了学生的时间。刘校长当时的表情深深印刻在了我的心中，让我久久不能忘怀。所以我最为愧对的就是我的第一届学生。而我也开始质疑自己是否真的能胜任教育教学工作，甚至萌生了调动到其他行业工作的想法。但自己的专业是师范专业，其他工作可能自己更加无法胜任。就这样经过一段时间的纠结，我才下定决心，明确了自己要争取做一名合格的小学教师的方向。为了让学生在我的课堂能得到最大的收获、最好的发展，“为孩子们提供优质的课堂教学”，就成为我毕生的追求。

为了提升基本功，我为自己拟定了“一日一练，一日一习，一日一读，一日一思”研修计划。“一日一练”指的是练习普通话，标准而且有感染力的普通话能够极大增强教学感染力，我委托普通话省级测评员帮我购买了普通话练习书籍和 CD，利用零碎时间学习，上班下班途中戴上耳机听普通话朗诵，晚上依旧坚持每天10分钟的普通话朗读。“一日一习”即“三笔字”练习。三笔字是每一个老师的基本功，为了在课堂上呈现规范、美观的板书，我每日都会练习一个字，不求多，但求精。回家后利用夜晚时间，有时下课后就在黑板上进行练习。首先从100个常用字开始，接着是200个……多年坚持，2020年到云南支教期间也从未间断。现今我的三笔字完全能适应教学需要。“一日一读”指每天阅读一篇教育文献或者是专著片段，在优秀的教育书籍当中获取教育力量。在执教语文学科期间，我阅读了窦桂梅、陈琴老师的专著；在担任班主任工作期间，我阅读了魏书生老师的班级管理与家长对话；教授美术学科后，我又大量阅读全国各地特级教师的专著。当阅读成为一种习惯，我发现在实践道路上，确实能够减少很多磕磕碰碰，能够避免走一些弯路。在二十多年前，要购买到自己所需的书籍是相当困难的。一般的书店很少有教育类书籍，贵阳的新华书店虽有教育专柜，但是美术教育类书籍极少。当时的网络购物尚不发达，只能委托好友到省外出差时帮我寻找购买，因而好友每每到北京、上海等发达地区出差时，第一时间会到新华书店教育专柜，帮我找寻美术教育专著，通过书籍打开思路。从美术特级教师的专著里，我发现原来美术教育还有更多的样态；从香港教育名师的课例、台湾幼儿园的艺术教案里，我发现美术教育更关注少年儿童的学习规律。在不断吸纳当中，我的教学技巧得到了提升，所以在2001年开始的基础教育课程改革当中，我能很快适应新的美术课程标准的要求，我多样灵活的教学方式也赢得了很多老师的赞许。“一日一思”是每天都应该对自己的教学进行反思，因我不善于书写，仅以关键词简单概括，针对当天的教学效果、学习状态、薄弱学生帮扶、教具使用、板书设计、环节层次进行分析，依据班级学情不断做出调整，通过这样的积累，往往同样的课程内容我都能采用不同的方式授课。尤其是在指导青年教师和实习生时，我常会采用这种同课异构的方式。有一次执教《中国陶瓷》，同一天面向5个班级，我就采用了5种授课形式完成，运用直观教学解析“因材施教”。因为美术教师执教的班级较多，同样的教学内容、同样的教学方法、同一天授课五个班级，教师也会倦怠，亦会影响教学激情，所以为了保持个人的教学热情，我要求自己不断转换教学方法。

就在这样不断的努力下，我一步一步地前行，一分一分地积攒，初期教学的那种不堪的状况得以改善，我也逐步在课堂教学中找到自信。五年后新校长询问：你对自己的职业规划是什么？我就简单而明确地说：“做孩子们的好老师。”从南明区首届名师、贵阳市首届名师，到贵州省教学名师、教育部领航名师，一步一个脚印，过程虽然艰辛，但我始终在向着心中目标前进着。所以我经常调侃自己是“从零分开始的”，所以“一分”也是进步，并以自己的经历勉励青年教师们，无论起点在哪，执着追求，刻苦努力，就能不断进步。

二、从个人到团队

“一个人可以走得很快，但一群人可以走得更远”，这是我在名师工作室最深切的感受，故此万分珍惜和我共同奋战的伙伴们，而我的教学专业在这一时期发展最为迅速。

2013年我有幸成为贵阳市首届名教师，并成立名师工作室。这时我的研修形式产生了巨大的改变，从个人研修转变为团体研修，从仅关注个人的发展转变为要带动整个团队得到发展。对于这个变化，习惯于“单干”的我一时竟感到有些无所适从，不知道应该怎样去开展工作。而贵阳市是首次开展“三名工程”建设（即名校长、名教师、名班主任），也没有可供借鉴的经验。根据要求，3年研训结束后，要对所有成员的专业成长有所交代，成员中要有2名省级骨干教师、2名市级骨干教师，并在自己的学区具有影响力。而我仅仅是一名普通的一线美术教师，如何能够引领他人并为他人搭建研修平台？如何开展研修？开展什么内容？这是作为主持人的我最为焦虑的事，仿佛从教师角色转换成了教研员的角色，完全是一个新的领域。虽然面临的困难很多，但既然接下了这项工作，总是要往前推进才行。于是我静下来认真分析自己的优势——课堂教学，并收集整理自己的备课经验、教学经验，归结方法，将研修核心定位于提升一线美术教师教学能力，在此基础上又结合贵州多彩的民族民间文化特色，拟定了工作室的研究专题——“多彩浸润，育美育心”。我通过引导成员充分挖掘贵州多姿多彩的民族民间文化，将其开发建设为中小学可实施的美术校本课程，以期在教学实践和专题研究中促进所有团队成员的专业发展。

从2013年开始建立贵阳市首届名教师工作室的仅11名成员；到2017年建立第二届市级名师工作室的20名成员；再到2018年成立教育部领航名师工作室，涉及贵州省9个市州46所中小学共51名成员，我的工作室历经了10年的发展。在这10年里，工作室得到了各成员校行政领导的支持，所有成员在周二上午都不安排教学任务，团队利用周二上午奔跑于各成员校之间展课、研课、评课。有时还来不及吃午饭，老师们就要赶回自己的学校完成下午的教学任务。所以每逢周二我们不是在教研，就是在去教研的路上。虽然很辛苦，但是每次收获都是满满当当的。在这期间，每位成员都在努力克服困难。且因为周二上午没有教学任务，因此其他时间的教学任务就相对密集。除了研讨教学，我们还要利用大量的课余时间进行研修。我们研修经常是在夜晚10点才开始进行，因为日常所有成员都在教学一线，承担美术教学、班主任或辅导员工作，部分地区老师还有扶贫工作，由于白天很是忙碌，所以只能将研修安排在夜间。工作室成员以女教师居多，第一期工作室成员全是女教师，被戏称为“娘子军”，她们每天下班后还要买菜做饭、辅导孩子、整理家务，只有等孩子睡着了才有时间专注研讨。团队成员几乎都在10点以后才能通过网络进行交流，有时凌晨发布的资料或通知也会很快有老师回复：“收到”“好的”“马上”……成员们的这种拼搏精神令我十分感动。

目前工作室已培养出贵州省级名师1人，副高级教师8人，省级骨干师教师7人，市级骨干教师16人，区级骨干教师37人，这些教师在薄弱地区、薄弱学科建设方面都起到了辐射引领作用。我十分感恩名师工作室，感恩所有的成员，因为收获最大的是我自己。在成员的督促下，我不得不先行思考研究内容，带头阅读、带头思考、带头实践，要求他人必定先从自己做起。这10年下来，我不仅提高了自己的教学能力，更重要的是对教育、对美术教育有了更为深刻的理解。

三、从形式到内容

只有在课堂教学中不断耕耘的教师，教学能力才会得到快速提升，我一入校就承担了学校美术组所有的公开课、研讨课，但这也成为我最好的历练机会。从校级、区级、市级到省级的公开课或研讨课，在不断的实践当中，我的课程与教学发生了实质性的变革，从初期的追求教学形式上升为追求学生的真实性学习。

我早期的教学总是过多地考虑用什么形式导入，才能吸引学生的注意力？用什么形式合作学习，才不至于太过冷清？用什么形式结课，才能将学习推向高潮？这就形成了对教学形式的关注大过了对教学内容本质追求的现象。所以导师总是对我说，上课不要“演课”，但当时年轻的我并不认为自己授课是在表演。所以我每一次上课都十分关注教学的形式、细节，但是慢慢地发现过于繁杂的教学形式、过多的细节，或者是表演性的教学并不适合一线实施，尤其是贵州大多数地区教育水平较为薄弱，缺少专职教师，大多数美术教师更需要接地气、简洁明了的教学形式。所以我开始反思和改进自己的教学，更注重学生在课堂上能得到实实在在的收获和发展。尤其是在上展示课时，减少复杂的教具准备，尽量将所有教学形式简化，凸显学生的真实性学习，这样才利于教育水平薄弱地区的老师学习运用。记得在西安授课《百鸟衣》，结课时，请到一位能力稍显薄弱的学生回答问题，因为其起立后并不说话，我稍作等待，但同班同学已经跃跃欲试，争相高举小手，口中还碎碎念道："我来我来！"希望能够代替那位同学发言。我笑笑并轻轻摇头，用食指在嘴唇上做出安静的动作，暗示同学们再等一等。我知道这位男孩比其他同学更需要发言的机会，在安抚好其他同学坐下等待后，我走到了这位男孩的面前，将手搭在他的肩膀上，轻声对他说："没关系，一个字两个字都可以发言。"男孩缓缓说出了自己的答案，他能够将今天所学内容融入自我的审美判断中，并进行整体概括的表达，非常不错，也赢得了同学们的掌声。随后我面向大家说："我们每个人思考问题的时间是不同的，有的同学要快一些，有的同学要慢一些，但并不表示慢的就不行。只是这类同学对自己的要求高，需要将答案进行详细的概括，同时把语句整理通顺，所以需要更长一些的时间。今天这位同学就是如此。以后在同学回答问题时，我们都应该耐心等待，这样你会发现更多精彩的学习结果，我们可以借鉴和分享。"在课堂教学中公平地对待每一位孩子，每个孩子都应该有发言和表达自己观点的机会，尤其是能力稍显薄弱的孩子更需要老师关注。如果当时请这位男孩坐下，他不仅会错失一个发言交流的机会，同时也会越来越不自信。而如果邀请其他同学回答，多数同学就不会再关注同伴的成长，也缺少对他人的宽容与帮扶。所以尽管在当时有一千多名老师听课，出现冷场的情况下，我依旧公平地给予每一个学生发言的机会，帮助他（她）树立信心，帮助其他同学正确判断。“不仅关注美术学习，更关注学生个人的身心发展”是我在教学中始终坚持的教育理念。

对需要我们帮助的学生应给予更多的关爱。现今我们多数采用合作形式进行学习探索，因此每个学习小组都需要一位组长。多数班级都会划分好学习小组，并由老师指定一名成绩优异的同学担任小组长，组织其他同学进行合作探索。但是我却不这样做，每每授课时总会询问学生，有没有从未承担过小组长或者班干部的同学？有的同学请举手。这时班级中总会有一些小手不够自信地举起来，尤其在农村地区更为多一些。这些孩子从未承担过班级事务，也就是说能力有所欠缺，所以班主任没有给他们分配任务。实际上，学生的能力是在承担任务的实践中得到锻炼与提高的，因此我总会随机地邀请这些同学担任临时的小组长，要求他们做好表率作用，带头学习，带头发言，并协调小组内的发言秩序。从来没有担任过组长的孩子们格外珍惜这样的机会，课堂上总会认真完成老师要求的学习任务。2018年在吉林省授课《吉祥纹样》时，我在小结环节说：“今天我们有三个发现。第一个发现——发现一种文化。贵州民族民间文化多姿多彩，和吉林省不同；第二个发现——一种新的学习方法，今天我们不断地尝试对比的方式，了解苗绣与苏绣的差异，同时整理出了苗绣的艺术风格，同学们可以用这个方法欣赏别的艺术品；第三个发现——发现我们的组长特别积极和踊跃，有了明显进步。”当时请一位小女孩说说今天当组长的感言，小女孩胆怯地说，“今天很好，可惜要下课了。”看似答非所问的回答，引起了下面三千多名老师的笑声，是呀！太可惜了，就要下课了，她的组长工作也要结束了，这句话中饱含不舍，更透露出对自己这节课学习状态的肯定。我走过去拍拍她说：“没关系，只要你努力，你的班主任、你的校长都在下面听课呢，他们会给你提供更多的机会，加油，你会更好。”

成就学生是教师的职业担当，帮助每一个孩子进步，自己亦收获幸福。

四、从美术到教育

一直在美术教育专业发展上追寻的我，从未有想过要参加学校的行政管理。但校长的一番话激起了我的新思绪。“你努力的话，能够上几个班的课？如果你带10个老师出来，带20个老师出来，会是怎样的结果？”仔细盘算一下，即使我再努力，一个星期承担10个班的教学任务的话，美术课一个班级每周2节，一个星期就是20节，已经是满满的工作量，但也只能涉及500个学生。如果我能帮助10位青年教师成长，涉及的学生面就会扩大很多。自己无论怎样努力授课，教学覆盖范围是有局限的，只有帮助更多的老师成长起来，才能影响更多的学生。另外，作为学校培养的特级教师、省级名师，理应反哺学校，帮助更多的青年教师得到发展。在校长的鼓励和老师们的支持下，2015年我走上了教科研主任的岗位。听教师们的常态课是我的工作任务之一，只有了解老师们的教学状态和水平，才能够制定有效的帮扶方式与内容。因此我走进了所有学科老师的课堂，从不同的学科视角审视教师们的课堂教学，与其说是审视不如说是学习，我的关注点由美术学科拓展到更多的学科，这让我的教育视野变得更加开阔了。在参加名师培训和特级教师培训项目中，我又接触了许多小学、初中和高中的名师们，通过和他们的交流，窥见了其他学段课程改革的情况及优质案例。思维的碰撞打破了学科、学段的界限，能探讨许多更深层、更丰富的有关教育、课程、教学等方面的问题。更为幸运的是2018年我进入教育部中小学领航名师工程，参加了为期3年的培训，我国美术教育权威专家、美术课程标准修订组组长、首都师范大学尹少淳教授成为我的学术导师。导师开了许多书单，多为教育哲学类专著。过去阅读特级教师的专著，容易获取最直接有效的教育教学方式，而且实施过程当中效果立竿见影。阅读教育哲学类专著对于我来说有一定的难度。但既然是学习要求，那就必然是要潜心钻研的，这种理论学习让我受益匪浅，渐渐学会从学生本位、人的发展角度去思考教育的问题，而不仅仅是关注美术教学。

在职业生涯中自己的定位相当重要，年轻时只是关注美术学科本身，因此只将自己定位为教画画的老师。但随着时间的推移，我开始发现只会教孩子们画画太狭隘，教师不应该只关注“教书”的工作，还应该做好“育人”的工作，不仅要夯实学生的学科素养，更要培育学生的健康品格，要从有利于人的全面发展角度去思考教育与教学的问题。

身为贵州的美术教师，我不仅要对贵州美术教育的发展有所担当，更应该对贵州本土优秀文化的发展与传播有所作为。因此引领学生们知晓贵州文化、欣赏贵州文化、传播贵州文化，是我与团队的愿景。团队老师们积极探索，甄选贵州民族民间优秀美术文化，转换成美术校本课程，并帮助所有成员建立一校一品美术特色课程，目前已形成三十多项以贵州非物质遗产为内容的特色课程。这些特色课程不仅激发了学生热爱家乡、热爱祖国，还激发了他们为家乡文化而自豪的情怀。有一次在兴义做教学展示活动，面向兴义市全体美术教师执教《苗族鸟纹》，引导学生欣赏和了解贵州苗族刺绣中的鸟纹样。同学们对贵州苗族的这种民间艺术很感兴趣，课堂学习气氛也十分活跃。下课时一位男孩走到了我面前，自责地说道："潘老师，我很惭愧。"我闻言心中一惊，难道是缺少对男孩的关注，但细想来应该不是，这个男孩一直在努力地发言，非常优秀。于是我疑惑地问："怎么了？"男孩说道："我妈妈就有这样美丽的衣服，但是她从来不穿。今天回家，我一定要把它拿出来好好看看。"深受感动的我不由得拍拍他的肩膀，赞许道："真好！"从小男孩的话语当中可以充分感受到通过课堂学习，他已经喜欢上这一独特的纹饰文化，为自己忽略了这一文化感到愧疚，同时他还要"拿出来好好看看"，说明他已经认同苗族刺绣这种民族民间美术的美好，并且产生了探索欲望。我想这就应该是美术教育的意义，通过欣赏美好事物，塑造孩子们的美好心灵。这些年，名师工作室团队研发的贵州特色课程还受到省外多方邀请。其中，曾给北京西城区美术老师执教一堂交流课《蝴蝶衣》，通过课堂向北京孩子们介绍了贵州苗族服饰中的蝴蝶纹样文化。造型多变、色彩绚丽的苗族蝴蝶纹样一下子吸引了所有孩子的注意力，孩子们在情境中积极探索苗绣与苏绣在造型、色彩、寓意等方面的差异。他们通过合作探究，对苗族蝴蝶纹样的特征及文化寓意进行了感悟、分析和概括，在此基础上理解了苗绣的艺术特点。这堂课是以学生为主体展开的，所以学习的氛围异常活跃和生动，取得的学习成果也是真实的。下课后，一个孩子跑上前来小声说道："假期会和爸爸妈妈来贵州。"而一名观课的青年教师给我留言："因为你的一节课，爱上一座城，假期我会来贵州。"贵州多彩的民族文化不仅能够吸引贵州的孩子，亦能够受到省外师生的喜爱。孩子们的学习成果及同行专家们的肯定，大大激励了我和团队老师们的研究信心。

通过这十几年在美术教育教学、非遗特色课程等方面的实践与探索，我有一个深切的体会，这就是：作为一名学科教师，不应该将自己禁锢在某一个学科内，更不要禁锢在某一个学段，而应该从更广阔的视野去认识和理解教育，以及我们这个学科在教育中特有的价值意义。只有足够全面、整体地理解学科和教育，才能更好地肩负起新时代的育人使命。我亦将以此为信念，和我的团队在美术教育的道路上不断求索，坚定前行。

我是一名美术教研员，美的教育是我所追求的至高境界，用心用情去做好教育的事，用自己的几点星光去点亮和我一起同行的美术教育人。

——孙艳梅

孙艳梅，贵州省安顺市西秀区教育研究发展中心美术教研员，中学美术高级教师，贵州省美术教育专业委员会理事，贵州省普通话测试员，贵州省骨干教师，贵州省“空中黔课”小学美术省级指导专家，贵州师范学院“国培计划”授课专家，入选贵州省教育科学规划专家库，安顺高中美术学科带头人。多次担任市区级优质课、教师资格证面试、职称评定、课题论证等评委。主持市级重点课题1项，省级一般课题1项，获得市级科研成果奖、教学成果奖一等奖2项，省级二等奖2项，多篇教育教学论文、教学案例、教学示范画获省、市级奖项。参与编写《非遗文化进校园》并出版。

做美的教育追梦人
——我的美术教研历程

◇ 安顺市西秀区教育研究发展中心　孙艳梅

从未这样沉静下来，梳理自己从教16年来的历程，回首自己的专业发展之路，留下的脚印就像绘画中的点、线、面，每一笔触都蕴含自己对美的教育的思考。一次次的思考，是一次次的追梦，这个梦就是美的教育如何才能达到蔡元培先生所倡导的“陶冶活泼敏锐之心灵，养成高尚纯洁之人格”的目的。从一名一线美术教师到一名美术教研员，这是我从未预设过的职业规划，在不断的摸索与实践中，新的机遇和挑战总会不断赋予我新的角色，而我要做的，就是通过自己的不断努力，适应并完成好这个角色所承担的职责与使命。

一、心有所向，做“美的教育”的问路者

从小热爱美术的我，1998年以优异的成绩考入安顺市师范学校首届艺术班，在这里开始了系统的美术专业学习。经过3年师范教育，原本能顺利地当一名小学美术教师，可我认为

自己对美的向往和追求才刚刚开始，于是在师范毕业那年，我放弃了分配，怀揣着对艺术追求的梦想，以一名社会考生的身份参加高考，如愿考入云南艺术学院艺术设计专业，离艺术的梦又近了一些。2006年，我回到家乡安顺，被分配到西秀区教师进修学校担任美术教师。除了承担幼儿师范班的美术教学工作外，我还要参与组织全区的教师培训工作。由于有较为扎实的美术专业功底，加之幼师班的美术专业课有趣且实用性强，学生们很喜欢，所以上手很快。美术课上，我认真传授专业知识，指导学生制作手工作品、绘制学校墙画、参加美术比赛、创作毕业作品。为开拓学生视野，我带他们走出校园，去大自然中写生，去苗族、布依族村寨体验蜡染技艺……多年后，赴岗就业，成家立业的学生们，每年都不忘来看看我，和我聊聊当年读书时的趣事，特别是我在美术专业上对他们的严格要求，生活中对他们的纵容，至今都被津津乐道。

对于美术教师培训，却没有这样顺利了。记得第一次对全区的美术教师进行技能培训，我提前做了很充分的准备，查阅了大量的美术资料，备课稿修改了好几遍，教学示范也反复地练习，心想培训应该万无一失。正式培训时，当我走进教室，面对台下坐着的几十位美术教师，他们之中不乏经验丰富的老教师，大家的眼睛都齐刷刷地看着我，我顿时紧张起来，大脑一片空白，心中没了底，之前的自信顿时消失。记得当时上的内容是“简笔画”，我紧张到在黑板上示范时手都是颤抖的，很多预先设置的教学环节都没有实施，整堂课不敢看台下一眼，害怕和参训老师眼神碰撞，更不敢与老师交流，我因为紧张所以语速极快，像竹筒倒豆子一样，在狼狈中匆匆结束。上完课，我如释重负地坐在办公室里，这时一位参训老师走过来，和我聊起来："孙老师，是第一次给这么多老师培训吧？"我毫不掩饰地点点头，"你是科班出身，画画自然很好，可是我们大多数是在农村学校的兼职美术老师，没有接受过专业的美术训练，听起来不太接地气啊？"我顿时诧异地盯着这位四十多岁的老教师，半天说不出一句话来。后来我深刻地反思了这次培训，重新审视如何当一名合格的美术教师，思考怎样的美术课才是"接地气"的。

为了寻找这个答案，我用了2年的时间，分别到西秀区宁谷镇和刘官乡的两所农村中学支教。通过两年的亲身体验，让我沉下心来，俯下身去感知农村孩子们对美的认识和理解，其实他们对美的渴望和感受并不比城市的孩子少，只是受环境影响，缺乏专业教师的引领和指导，视野狭窄，信息稀少。作为一名美术老师，我有责任去引导他们发现身边的美。我启发他们用最朴素的方式来表达对美的感受，房前屋后的花草，被他们创作成一幅幅充满生命力的粘贴画；自家地里的萝卜、土豆、红薯，被他们制作成一个个有趣的玩偶；松弛随意的麻线，编织成他们对未来美好生活的向往……这些沾着泥土味、带着笨拙感的乡土作品，虽然简陋粗糙，却不失艺术的原始野性。在我办公室的土罐里也时不时会出现一束美丽的野花，那都是孩子们在上学路上随手采摘来插在土罐里的，虽然没有过多的讲究，却是孩子们用真诚之心对美的感悟和质朴的表达。

2年的农村学校支教，是我执教生涯中重要的经历。它让我知道要用美的眼光去看教育教学中的情境和现象，用心用情引导孩子们去感知、体验、表达身边的美，播种真善美的种子，懂得要用“纸上得来终觉浅，绝知此事要躬行”的态度去探索、实践，方能实现心目中对美的教育的追求。在2014年，我参加了安顺市高中美术优质课评比，将安顺文庙儒林路一带的老安顺古建筑文化融入《关注城市发展——保护古建筑》一课的设计中，希望从身边熟悉的事物去引导学生们去关注、思考城市发展进程中如何去保护家乡古建筑。新颖的教学设计和优秀的现场教学表现，令评委们眼前一亮。这节课获得了市级一等奖，而该教学设计同年在贵州省教育论文及教学设计评选中获得二等奖。示范画是美术教师教学中的看家本领，也是我一直很重视的教学技能之一。2016年，我参加了全市中小学美术课堂教学范作展获得一等奖，作品收录在江西美术出版社出版的《山花烂漫——贵阳市、安顺市、六盘水市、黔东南苗族侗族自治州中小学美术教学范作集锦》。

在学校工作的12年里，虽然担任了学校的校级领导，但我更喜欢在美术课堂上的感觉。每次站在讲台上，都有一种强烈的期待感，因为孩子们带给我太多的惊喜，我也期待把我所知所感与孩子们分享，看到孩子们的成长，我倍感欣慰。这12年的教学经历是我宝贵的财富，是我对美的教育的“问道之行”，它为我今后成为一名教研员打下了坚实的基础。

二、行之所至，做“美的教育”的践行者

2006年，我刚入职不久，当时的贵州省美术教研员兰岗老师主持的“十一五”规划教育部重点课题《在中小学美术

课程中进行优秀民族民间美术文化保护与传承教育的实验研究》在安顺做调研考察，选择课题实验学校，我陪同兰老师到西秀区乡镇学校开展调研考察工作。在西秀区丰富的民族民间资源中，西秀区刘官初级中学依托刘官乡周官屯“中国（傩雕）民间文化艺术之乡”的地域文化优势，他们开展的地戏面具雕刻技艺保护传承教育被纳入兰老师的总课题研究内容之一，并由刘官初级中学将这一内容作为子课题项目展开研究，开启了将地方文化资源转化为校本美术课程的实践研究。“课题”“教研”“校本课程”“实验”……这些专业的名词也第一次进入我的认知范围，并有幸参与其中。在兰老师的引领下，我深入课堂听课，和民间艺人讨论如何将地戏面具雕刻的技艺及文化融入课堂教学，并帮助学校建立了地戏面具雕刻实践基地。在后续几年的研究中，刘官初级中学这所农村中学因课题研究的推动，在管理、教学质量、学校文化特色建设等方面，都得到明显的提升和发展，被中国教师发展基金会评为“全国特色学校”，贵州省教育厅和贵州省民族宗教事物委员会共同命名为“贵州省第三批民族民间文化教育项目学校”。从兰老师身上，我看到他对美术教育的深厚情怀，以及对教师专业成长的帮助，他那种致力于推动贵州美术教育发展的精神一直深深地影响着我，更加坚定了我在美的教育之路上走下去的决心。

2016年，是我教育生涯中重要的转折点，由于工作出色和岗位需要，带着对美术教育工作的热爱和坚持，我成了一名区级兼职教研员。在全区教研工作中从何入手，如何做好学科的“领头羊”，带领全区两百多名中小学美术教师发展，对于我来说，是一个巨大的挑战，更是沉甸甸的责任！一个人的力量是有限的，只有团队作战才能干成事。按照这样的思路，我参加了西秀区第一批学科工作坊的评选，并成为第一批区级中小学美术工作坊的主持人。

有了区级美术工作坊的平台，如同为美术老师们搭建了一个“家”，老师们很兴奋，一直以来单兵作战、一盘散沙的状态终于有了改变，美术老师们有了属于我们自己的组织。兼职教研员的身份也让我开展工作有了底气。我的工作积极性非常高，在区域内遴选了一批有想法、干劲足、专业素养较高的优秀教师组成工作坊的成员，把工作坊团队的框架初建起来，邀请市教科所美术教研员黄艳、省级骨干教师朱珠老师指导工作坊工作。我带领团队一起讨论、研究如何开展好美术学科的区域教研。记得组织的第一场活动是全区的小学美术教师优质课比赛，活动结束后我组织参赛老师进行座谈，一位年轻的美术老师激动地说：“我来自一所农村小学，一直在学校都是上语文课，还担任班主任，这次优质课比赛我表现很不好，但这是我参加工作以来上的第一堂美术课……”说到这里，这位老师已经泣不成声，她的话引起了在座很多老师的共鸣，同时也深深地刺痛了我的心，面临这样的现状和困境，我能为老师们做点什么？改变什么？

美学家朱光潜先生说过，要抱有一种“无所为而为”的精神，把自己所做的学问事业当作一件艺术品看待。世界上最重要的事就是正确认识自我，不管我们在何岗位，都要清醒地认识到自己的专业定位与工作职责，用积极做事的心态，借力顺势而为。所以我在后来的工作中，常常以此鼓励老师们，换一个角度去看问题，换一种心境去干事业，可能现在并不是理想状态，但只要坚持下去，终将拥有自己的“半亩方塘”。后来我一直关注那位年轻的发言教师，吸纳她进入工作坊并给予积极的指导。在近五年的时间里，她从区级优质课评比到市级优质课评比，再到省级优质课评比的大舞台。在这过程中，我收集了她每次比赛的教学实录，从开始的无所适从到之后站在讲台上的自信和从容，看到了她每一次的成长和蜕变。像这样的年轻老师在我身边不在少数。我也把视角更多地放在农村学校，因为我知道，农村的孩子更需要美的体验，农村的美术教师更渴望站在属于自己的美术课堂上，那是一种不言而喻的幸福，而这一切都是源于对美的教育的初衷。

在主持工作坊的3年里，我带着老师们一起策划每一次的教研活动和比赛，一起开展课题研究，目的就是给更多的美术教师搭建平台，推动区域美术教研工作，让老师们不仅有专业学科的存在感，更要有强烈的获得感，让优秀的老师去影响更多的老师，形成互帮互助、共同进步的集体。在此期间也涌现出很多突出的教师，我指导的青年教师刘刚、施文秋老师在全省初、高中美术优质课比赛中获得一等奖的好成绩，张丽、盛凤姣、徐秀菊等老师在全市小学、初中美术优质课比赛中获得一等奖，他们先后都成长为市级骨干、教坛新秀、区级名师。我还带着学校和老师们参加了第十一届、第十二届中国—东盟教育交流周之“中国—东盟少儿艺术及教育成果展”，第四届（珠海）中国教育创新成果公益展，在更广阔的舞台上展示西秀区的美育成果。我和团队在这3年的磨砺中，愈加地默契和成熟。这是一个相互成就的过程，也许正因为“无所为而为”的想法，我们在这3年中，和老师们一起成长、收获，渐渐懂得作为教研员要有甘愿“为他人作嫁衣裳”的精神。我将这些感悟写进了《美术教师工作坊对促进农村美术教师专业发展的实践探索——以安顺西秀区为例》一文中，该文获贵州省教育科研论文及教学设计评选一等奖。作为课题核心成员，我参与了《西秀区构建中小学“学科骨干教师工作坊”实践研究》课题研究，该课题获安顺市中小学（幼儿园）首届教学成果奖。由于我的工作成绩比较突出，我的美术工作坊被区教育局评为“优秀教研团队”，我也被评为省级骨干教师。

2018年，由于机构改革，我所在的学校与西秀区教研室、电教办整合为西秀区教育研究发展中心。我也正式成了一名专职美术教研员，同时还任区教研室的负责人，以双重身份在学科专业和行政事务之间穿梭。即便行政工作再忙，我仍不曾放弃美术教研工作。每到学校，我一定要进美术课堂，和老师们交流，每次美术教研活动我总会尽量参加，全区三分之二的美术老师我都能熟悉地叫上名字。我将第二批区级中小学美术工作坊分为中学和小学两个坊，遴选两位优秀教师来继续组织坊内工作，一是培养新人、锻炼队伍；二是确保区域美术教研工作的延续。

作为教研员，研究、指导和服务基层是最基本的职能，有前期参与国家级、省级课题的积淀，结合工作中的实际问题，我也从研究的角度去思考和实践。2022年，《义务教育艺术课程标准（2022年版）》颁布后，新一轮的课改开始。尹少淳教授在谈到如何结合地域特点创造性地实施新课程时，曾指出“创造即‘继承+借鉴+创新’，博采众长，删繁就简，返璞归真”。而我所在的区域有屯堡文化、地戏、蜡染等代表性的民间文化，虽然许多文化和教育的先行者已在这些方面多有研究且成绩斐然，但为何不能在前辈们研究的基础上再做挖掘？在继承借鉴的基础上有所创新呢？我觉得可以让我们美术老师主动践行新理念、拥抱新技术，让优秀的传统技艺焕发新生机。基于这个想法，我主持申报了《创客式教育下地方民族民间美术教学实践与研究》，并被列为市级重点课题，主要从两个方面展开研究：一方面注重学生美术体验过程，培养学生的创新意识；另一方面倡导在继承中华民族优秀文化传统下形成具有时代审美的新观念，拓宽视觉艺术的新领域。课题研究成果荣获贵州省第五届教育科学研究优秀成果二等奖、市级一等奖。在这项成果的基础上，我又申报省级课题《新美育时代下初中美术与地方民间美术融合创新的实践研究》，并获得立项。该课题经过2年的研究，补充和完善了原有研究的不足，重点探究了地方民间美术与初中美术创新融合的途径和方法，从“创内容、创设计、创文化”三个方面展开。在课堂实践中，以学生为主体，倡导学生探究合作的学习方式，培养学生的想象能力和创新能力，鼓励学生设计并呈现具有一定创意的美术作品，将创意转化为现实，激发学生对家乡文化的热爱，增进民族自信、文化自信。该课题成果作为贵州省2022年重大招标课题《传承文化的地方课程建设》的有力支撑，编入黄艳老师主编的《非遗文化进校园》一书并出版，为地方中小学美术教师开发利用优秀民族民间美术资源提供了理论依据与实践指导。

三、志于道者，做“美的教育”的同行者

2021年，因疫情蔓延，居家学习成为学校教育教学的重要方式。贵州省教育厅组织各市州录制“阳光校园·空中黔课”。安顺市承担了小学二年级上册20节美术课录制任务。接到工作任务后，我们倍感挑战和压力，一是录制时间短，要求高；二是授课教师的遴选；三是授课形式是无生教学，教师如何去设计教学等问题一一摆在我们面前。录制前，我和黄艳老师组织团队多次开会讨论，和团队老师们精心遴选了10名授课教师，共同分析教材，理清思路，设计教学方案，制作课件和教具，进行试教，接下来就是夜以继日、一遍又一遍地反复磨课。严格磨课的要求，让我们的授课老师都临近崩溃。有一次，云峰小学的刘老师在磨课结束后，在回家的路上给我打来电话哭诉，说她为上好这次课，已经竭尽所能去准备，但还是没有达到要求，甚至感觉自己的课是团队中最不理想的，产生了临阵脱逃的想法。我耐心地听完刘老师的诉说，和她一起分析原因，找出问题所在，与她一起想办法调整教学设计的思路，最终顺利进入录制阶段。录制过程中，指导专家和授课教师各司其职，认真审核每一堂课、每一个细节，废寝忘食地研讨；同时，与录像、剪辑老师不断地交流，不停地修改，一遍、二遍、三遍……旨在通过老师们用美的作品、饱满的激情、生动的语言带领着孩子们感受美术学科的独特魅力，让全省不同层面的学生都能听得懂、学得会，完成美育的传递。经过专家团队的精心指导和各位授课老师的辛勤工作，克服了重重困难，终于在规定时间内保质保量完成了本次“阳光校

园·空中黔课”小学美术二年级上册的录制、后期剪辑、校对、审核等任务。关上录制教室的最后一盏灯，已是大年三十的前一天晚上，我和团队老师们拖着疲惫不堪的步伐，怀着欣慰的心情回到安顺。此时的街道两旁行道树上早已张灯结彩，闪烁的彩灯仿佛在迎接凯旋的我们。

经过“空中黔课”录制“洗礼”的老师们，都为能够参与这项工作感到无上的光荣，都认为是这辈子从教记忆最深刻、收获最丰硕的经历。时隔一年，当年哭着诉说艰辛不易的刘老师也迅速成长，荣获安顺市西秀区2022年小学美术优质课一等奖，并被评为区级骨干教师，还辅导多名学生参加美术比赛获得一等奖，也顺利通过了副高级教师资格的评审。在今年的全区艺术课程标准培训会上，刘老师饱含深情地说道：“空中黔课的录制经历是我这辈子最难忘的。为了上好这堂课，我的微课点击了五百多次，教学设计修改了十几稿，但是这一切的付出都是值得的，正如有一句话说的，一个人能够走得更快，一群人却能走得更远。没有团队的力量，也许我还是农村小学一名普通的美术教师，默默无闻……”

是啊，独行快，众行方能致远，正是因为有这么一群执着老师的陪伴，有团队力量的激励，我才能与老师们一起在美的教育之路上走得更快更远。

为了不断地提升专业水平和指导能力，我先后到清华大学、西南大学、华中师范大学、华东师范大学等知名高校和全国中小学名校学习先进的美术教育理念，聆听尹少淳、钱初熹等众多美术教育专家的讲座，向前辈们请教，与各地的教育同行交流，向他们学习。到国内各大博物馆、美术馆去深度感受经典艺术作品的无穷魅力，细品艺术的真与美，通过这些，积淀自己的文化底蕴，滋养自己的尚美之心。我相信，只要心中那团对美的炽热之“火”不熄，星点之光必能有燎原之势，那么我一生所追求的必定是有温度、有情怀、有爱的美的教育事业！

我之所以能在21年的从教生涯里取得一点成绩，一个重要的因素，就是我做事能够坚持脚踏实地、从点滴做起的态度。所谓积微成著、积水成渊，正是这种一点又一点的积累，使我的教育生涯不断丰富和完善。

——邬义波

邬义波，中共党员，遵义市第四高级中学美术高级教师，省级骨干教师，省级名师、部优课评审专家，国培计划培训专家，优秀市级名师工作室（优秀主持人），贵州省艺术教育专业委员会委员、贵州省美术教育专业委员会常务理事、遵义市兼职美术教研员、遵义师范学院客座教授，贵州省书协、摄协会员，遵义市美协会员，遵义画院特聘画家，美术作品及论文多次参加全国、省、市比赛展览获奖或发表于《中国美术教育》《贵州教育》等刊物，2014年获优质课市级一等奖、省级二等奖，主讲 2 项专题课程入选中国教育干部网络学院课程资源库，课例获首届省级教师教育精品课程，贵州省第七届艺术展演美育改革创新案例一等奖（优秀指导教师）并获国家级二等奖。

回望来路砥砺行　积水成渊方为始
——我的美术教师的成长之路

◇遵义市第四高级中学　邬义波

从教二十一载，弹指一挥间。回望来路，我从一名懵懂无名的小老师，在年复一年的美术教育教学实践中不断成长，砥砺前行，虽无大的成就，但也算有所积淀与收获。我深知美术教育教学之路漫长，须用一生之身体力行去理解和践行，方能在中小学美术教育的路上不辱使命、不负学生。在此，我拟从“教学、教研、科研”三个方面悉数回望走过的美术教育之路，诚请诸君不吝批评指正。

一、教学——小事做起，积微成著

2002年大学毕业以后，满怀对美术教育的美好憧憬，我有幸成为遵义市第四中学的美术教师。因为那个年代美术教师缺乏，导致我在大学以前接受到的美术教育是不完整的，所以我入职后将“让美术教育真正面向所有普通学生”作为我的座右铭，希望在美术教育这条路上尽我所能，让我的学生接受到完整的、应该有的美术教育，也期望在美术教育这条路上有所建树、成就和发展。然而现实的教学工作并不如我心中所想那样。入职之初，因为教学班额小，我没有得到执教美术课的机会，但也没有因此抱怨。学校对我比较信任，安排我上师资缺乏的综合实践课。回头想来，尽管当时有点彷徨，但非专业课拓展了我知识面，也锻炼了我的能力。同时，来自各个部门的各种课余事务工作，也成为拓展我各方能力的“平行空间”。后来通过积极争取，我终于渐渐回归到美术教育岗位。

在平时与其他教师的交流中，很多人认为美术学科在学校里是弱势学科，自己得不到学校的重视与关注。其实不然，以我个人经历而言，作为一名教师，不应总是问学校为你做了什么，首先要思考为学校做了什么，其次是在教学教研方面做了什么。我二十年如一日在一线教师岗位上从事教育教学工作，倾尽所能去把教学工作扎实开展好，我认为这是作为一名一线美术教师的本分，我也是用这样的行动来体现我的能力与价值，服务于学校的常态工作。在学校各种类型的相关工作需要我配合时，我也会全力以赴做好。所以，自己重视自己是别人重视你的基础，而教学一线的本分坚守，是课堂教学的踏实践行，也是自我能力和素养不断积累的过程。

记得2003年第一次参加校内优质课比赛，因为教学时间短，什么都不懂，更谈不上教学经验，所以用“摸着石头过河”来形容一点不为过，完全靠自己的理解去“啃教参，研美史，网络八卦加佐料”课后，点评会上评委的评价让我记忆犹新，说我的课像是在做一个美术“讲座”，因为整堂课我用了

38页幻灯片，教学过程几乎以我讲授为主，没有对课堂教学基本原则的认识，没有对教学方法的理解和运用，眼里和心里也没有学生。大家的评价中肯且直指核心与要害，让我触动极大，受益匪浅，并影响到我后来的教学工作与实践。

2008年我校成为贵州省美术新课程改革实验学校，在遵义市率先执行美术新课程。为此，我展开了各种美术课堂教学模式的研究及实践，颇有些“万金油”的感觉。除美术鉴赏课程外，我曾先后开设过绘画、篆刻、书法、工艺、设计、摄影、电脑设计、雕塑8个模块的选修课程。这些课程教学的开设不仅丰富了学生的课程内容和形式，同时也助推了我的教学素养和能力的提升。我在教学中探究、在探究中教学，不断地丰富自己、完善自己，同时又反哺学生，促进学生在美术知识技能、艺术创造性思维及实践能力方面的综合发展。在历届省、市艺术展演比赛等活动中，我的学生创作作品都取得了优异的成绩。而我认为“最大的成果”是有不少的学生进入大学后，加入学校的美术社团或参加美术展览。有的学生独立创作作品送给家人、老师和朋友，他们始终保持了对艺术的兴趣与爱好，我想这是作为美术老师最为幸福的事情！

2013年始，基于新课程背景下课堂教学管理研究的需要，我设计并使用了“模块修习评价登记表”。在这个表中有3种符号，即“×、√、☆”，以此符号记录学生课堂表现或者作业完成情况。“×”表示不合格或没做；“√”表示完成；“☆”表示优秀。这个登记表会伴随着我的教学过程，记录并对学生进行过程性评价。一个有意思的现象是，每到进行学生作品成绩记录的时候，有的学生很在意自己是否得到

“☆”，甚至出现有的学生找我要“☆”的现象。有的学生会说“老师我做得这么认真”；有的学生会说“老师我做了这么多”；究其原因，我想学生需要的是对自己认真做事态度的认可，给予“优秀”的认可。因为这个“☆”没有任何物质实体价值，但它是比物质更可贵的精神需求，是学生自己被尊重、被认可、被肯定的需要的载体。

现在回头想来，年轻时对于教学没有做多种尝试，不敢大胆探寻，自己也不知道能力如何，不知道有多少未知的可能性。这些来自教学的“从小事做起”，让我养成了积极认真、敢于探究、严谨做事的态度，为我后来的成长发展奠定了基础。

二、教研——团队互助，协同发展

记忆中2003年的一个夏天，我结识了教研生涯中的首位导师——王松老师。当时王老师在红花岗附近候车，我便主动上前询问如何参加教研活动，从此我俩便结下不解之缘。王老师时任红花岗区美术兼职教研员、遵义市美术兼职教研员，引领着遵义市的美术教育教研工作。而当时的我完全是一个“新手小白”，有点投师无门，内心渴望在教学研究上有所进步、有所提高。随后在他的带领下我开始参加区、市、省各级美术教研活动。在教研活动中，我从最初只看不说，默默学习别人的长处，不断拓展眼界，完善自己，到后来形成自己的理解与认识，一步一步凝练升华自己。2006年有幸认识我教研生涯中的第二位导师——兰岗老师，时任省美术教研员的兰老师，他对我们这些晚辈关爱有加，无论学术造诣，还是做人做事的态度都给予我深深的浸润。在他的引导下，我参加了2008年全国教师美术书法摄影作品竞赛活动；2014年前往沈阳参加全国中小学美术优质课观摩；2016年参加中央美院组织的教育部"国培计划"美育骨干教师培训项目研修学习，这些活动进一步拓展了我的思维与理念，促进了我教研素养的发展与提升。在两位老师的身上，除让我学到严谨的治学态度，也逐渐使我形成对教研工作的理解与认识——教研是一种学术共同体的互助，教研是一群志同道合者的共情与共进！

2010年，因为参加"新课标"网络国培项目的学习，我们8所高中的美术教师有缘相聚。在我和戚加老师牵头组织下，我们便开始"预谋"策划课改成果展，计划按照"新课标"的要求努力推进高中美术模块课程的实践与研究。我们分别从绘画、工艺、设计、书法、篆刻等不同美术门类开展教学研究。2012年，这8所学校自发性联盟的高中美术课改成果展终于成型，150件学生作品先后在区青少年活动中心、步行街、区政府、遵义师范学院进行展览，并先后在《遵义日报》《遵义晚报》《今日红花岗》报道，同时还召开红花岗区高中美术课改展示交流会、遵义市高中美术课改教学成果展示研讨会，我在会上作了《高中美术课课堂教学模式设置的实践与研究》的专题讲座，将我的实践研究成果进行推广交流，其他老师也将自己的成果进行了推广交流。我们在这样的团队交流当中，互帮互助，促进彼此教学研究能力的提升。

2014年，以我和戚加、彭斌斌三人代表三个不同的区，同时参加遵义市的美术优质课比赛。不谋而合的我们，比赛前一起磨课、研讨、改进，共同提升课堂教学水平与能力。而在赛场上我们是竞争对手，同台竞技一较高下。在这样的互助中，我们都得到了历练，也取得了一定的进步。那段时光我们在抱团中一起成长，收获友谊。之后，我被聘任为遵义市美术兼职教研员，戚加调任遵义市素质教育中心美术专干，彭斌斌当选汇川区美术教研学会会长。我们都在各自的空间，发挥自己作用与价值，用我们的经验给予他人帮助，助推更多年轻教师成长！

2013年，我有幸被遵义市教科院聘任为美术兼职教研员，以一线教师兼职教研员的角色，参与到市教研工作当中。以一个“领头羊”的身份团结带领遵义市核心城区的美术教师团队，为我们遵义市的美术教师服务，为美术教研工作贡献着我们的力量。在遵义市教科院的领导下和我们遵义教研团的大力合作下，遵义市的美术教研工作在继承前辈已有成绩的基础上，赓续前行，再创佳绩。在历届省级美术优质课、基本功比赛当中屡次名列前茅；遵义市的美术教师也渐渐走向全国优质课、基本功比赛的平台并获得良好的成绩。这一路走来，我感悟最深的是自己在很多方面得到了历练和提升。无论是对教学的理解，教研的理解，还是对学术的理解，对专业成长的理解等，我都是最大的受益者。正如兰岗老师所说“教研员是教师成长的陪伴者”。我们助推老师们成长，我们也在当中获得成长。

2018年，我通过评选获得遵义市美术名师称号并开始组建市级名师工作室。在我看来，名师工作室只是一个称呼，关键是“一堆人的抱团”，它是以主持人带动一群人一起成长的团队共同体。在这样一个共同体下，教研工作接地气地开展，在帮助别人的同时也使自己受益。我在别人身上学到东西，别人也在我身上学到东西。在这样相互学习的过程中，促进彼此的成长。2018年至2022年期间，工作室的老师们取得了省美术优质课比赛一等奖3人、二等奖1人，市美术优质课比赛一等奖4人、市美术基本功大赛一等奖3人的好成绩。我相信今后的学习工作中，他们会不断完善、不断进步。这种进步与成长将会更好地反哺于遵义的学校美育，反哺于遵义的学生！随后，我们这个团队荣获"遵义市优秀名师工作室"称号，我也被评为市级优秀名师工作室主持人。

以上点滴，只是我教研生活中的几个片段，它让我坚信，我的美术教研工作依靠的是团队互助和协同发展。如果说我和我的美术教师同伴们取得了一些成绩，正是这种团队的精神和力量起到了作用。

三、科研——务实求真，积水成渊

2004年，我在"懵懂"中第一次参与我校申报的全国教育科学"十五"规划课题《长征文化校本课程网络资源的研究、开发与利用》的研究。因为参与之初不知道什么是课题研究，怎么进行研究，我在前辈胡子荣老师的带领下，在学中做、做中研。也正因为这样一次课题研究，我们先后前往遵义会议会址、黎平会议会址、四渡赤水沿线等地，拍摄收集课题所需图片资料等。同时，这次课题研究，让我的心灵得到了一次净化，也加深了对长征精神的认识。在我看来，在当下对于长征精神的继承，就是不忘初心、坚定信念，吃苦耐劳、务实求真的精神。怀着这样一种理解，我参与编写了《四渡赤水图片欣赏及其摄影技法》原创校本课例，录制的第一视频课程获得当时中国教育技术协会征文评比三等奖，成为课题研究的重要成果之一。后来我们的课题获“贵州省中小学（幼儿园）教学成果奖”二等奖，这样的结果对刚接触课题研究的我而言真是一个意外的收获。现在回想起来，结果已经不重要，重要的是无功利心做事，脚踏实地、务实求真才是做研究的态度。

论文写作是我的弱项，但我并不会因此而回避自己的短板，而是勤思考、找问题、多动笔，通过以勤补拙，尽力提高自己的论文写作能力。我在论文写作上的一个经验，就是要梳理自己对事物、问题的真实感受和判断，并及时将之以文字的形式记录下来。坚持了这一点，论文写作就有了一个坚实的基础。《新课改下高中美术课课堂改革教学模式设置及研究》这篇论文，就是我在亲历高中课程改革的课堂实践中，不断思考、不断总结的基础上写出来的；《如何上好一节优质课——美术优质课评课当中的几点思考》则是我2013年起组织三届美术优质课比赛，以一个评课者的视点审视所有参赛教师的教学，对优质课的观念及形态的反思总结；《中华优秀文化艺术传承——高中美术篆刻教学实践》是我历经13年常态篆刻教学研究工作，在积累了大量教学真实案例的基础上，通过梳理、凝练、总结而成。这3篇文章均发表在《贵州教育》杂志上。所以，我认为只要有真行为之后的真思考，就必能写出真实的、有理有据的文章。2019年，我收到了人民教育出版社美术编辑的邀请，参与高中美术教师教学用书的编写，说实话，接到这个邀请时我有些忐忑，不知是否能胜任这项工作。但我相信这项工作对我既是一次机遇，更是一次锻炼。于是我以一种积极学习的心态，参与到编写工作当中。编写工作历时一年半，于2020年5月成书，我圆满完成教学用书《中国书画》模块中“方寸之间”“篆刻之道”两课的编写任务。完成这项工作后，我最大的一个体会，就是在这个高标准、高要求的工作压力之下，我竭尽全力地参与其中，某些潜能得以被激发，感觉自己的写作能力有了明显的进步。这似乎印证了那句话：人都是被“逼”出来的。

在专业发展上，我坚持一个观念：“双腿走路”——教学、画画两不丢。一方面，面对学生要坐实常态教学、研究常态教学，不断完善自我的教育教学，更好地服务于学生；另一方面，要提升自己的专业技能，不丢笔，常练手，潜移默化中提升自己的美术专业技能，而这种提升最终将惠及学生。随着教学年限的增长，我会不断地反思自己在教学与专业技能提升方面存在的问题。我认为不勤于美术实践的美术老师，不是称职的美术老师。所以我在教学研究与实践方面做了很多功课的同时，也反思更应该在美术专业基本技能方面进行更多的实践与提升。所以，自2008年起，我在课余会花大量时间去研究篆刻艺术的理论与实践，刻印数量四百余方；2017年起开始学画油画，经常外出写生。后来又带动我们教研组的老师一起写生，再后来把专业技能内容引入我的名师工作室，作为培训内容的组成部分，每一次活动既有教育教学研究培训，也有专业技能实战培训。我们在务实求真中“双腿走路”，稳步发展，不断前行。

回顾过往的21个从教春秋，一路走来，有懵懂、有困惑、有艰难，但更有进取、坚持与坚守。我的从教生涯并非一帆风顺，但是在面对所有问题的时候，我总是怀着积极而向上的心和踏实做事的态度去面对，这才让我拥有不断成长、不断完善的基础。我之所以能在21年的从教生涯里取得一点成绩，一个重要的因素，就是我做事能够坚持脚踏实地、从点滴做起的态度。所谓积微成著、积水成渊，正是这种一点又一点的积累，使我的教育生涯得到不断的丰富和完善。

当学生在其他学科未能解决的困惑在美术课堂上豁然开朗时，我特别有成就感，也开始享受我的课堂。我觉得我正在做一件伟大的事情，和学生一起分享“向美而生”的人生态度，这种状态是最美好的。

——佘洪玲

佘洪玲，1985年出生于贵州省遵义市。2008年毕业于贵州师范大学美术学专业，现为遵义市实验学校高中部美术教师，遵义市骨干教师、贵州省教育学会美术专业委员会理事、贵州省书法家协会会员、遵义市书法家协会理事、新蒲新区教研中心兼职美术教研员、第六届遵义市红花岗区政协委员。曾获奖项有贵州省第六届高中美术优质课比赛一等奖；全国第八届中小学美术优质课比赛二等奖；遵义市第二届青年美术教师基本功大赛一等奖；遵义市首届教育科研成果奖二等奖等。

在团队的土壤里成长

◇遵义市实验学校　佘洪玲

作为一线美术教师，分享成功的经验，我似乎有很多，但似乎又没有。细细想来，头脑中闪过的更多是感谢、缘分、机遇等趋于感性的词汇。无论怎样，我都十分乐意将自己在遵义美术教育、教研团队里成长的经历和心得写出来同大家分享。

一、愿望与初心播下美育的种子

2008年大学毕业，我以美术教师的身份到遵义县新舟镇中学任教。当时的乡镇学校普遍都缺美术教师，但更缺英语教师。报到后，学校安排我上七年级英语课，我表示不解，校长却说："每个班一周一节美术课，我找班主任就上了，但英语课天天有，确实找不到人上呀！你们才大学毕业，边学边教没有问题，去教就可以了。"这话好像没道理，但我却没有反驳，便默默地接受了英语教学任务。多年后的今天，我对这一切给予了理解。当时的我欣然接受了学校的安排，认真教书、认真上好英语课，和其他老师一样抓升学成绩，慢慢地成了领导可以委以重任的好同志、家长们认可的好老师、同事的好搭档，我曾经以为我会一直是一位英语老师。但内心始终有美术专业的底色没有褪去。2012年的暑假，听说遵义师范学院有一个初中阶段的美术教师培训活动，我就主动参加了这个我之前从未听说过的美术学科教学业务培训。聆听了兰岗老师对美术课标的解读和对课题研究的讲解，我意识到我也是一个美术学专业毕业的学生，曾经有想要成为美术教师的冲动。几年前无数次幻想成为美术老师后想做课题研究的种种设想，像初恋一样只有想象却未曾表达，也不知道结局，一种心有不甘的冲动悄然升起。

二、课题研究促进教育教学思想的成熟

回家后，关于“课题”二字，我的冲动还在持续，甚至都不知课题究竟是什么，但内心却一直有个强烈的想法，一个总是挥之不去的思考：生活中那些随着时代渐渐褪去功能、退出生活舞台的手工艺生活物品，不应该被社会所遗忘，它们可以以另一种形式存在。而学校的美术教育就是最好的存在方式之一。这里面应该有很多东西是可以进行研究并运用于美术教育教学的。于是我慎重地拨通了兰岗老师的电话，尽可能清楚、精简地跟兰老师表明了我的意图和做课题的基本思路，兰老师听完后说：“据我所知，省内目前还没有这个方向的课题研究内容，你的这个选题应该可以做。你再仔细做一下国内外这个领域的文献检索，确定没有重复研究之后，联系你当地的

王松老师，他可以辅导你。我把他的联系方式发给你。”自此之后，我就开启了美术教师“开挂式”成长。

第二天我才拨通了王松老师的电话，他的声音有点沙哑而沉稳，从王松老师那里我第一次知道了什么是课题研究，如何填写课题申报书。但我的内心却产生了更多疑虑和胆怯，甚至想要放弃。我还不是美术老师，我没有丰富的教学经验，没有完备的理论基础，甚至当时所在的学校也没有做课题的前辈可以咨询。我有太多的理由可以说服自己放弃！没想到，第三天王老师给我来电，很高兴地告诉我，很快就会迎来这一年的课题申报，让我先做一些课题前期实验。我实在不好意思说我想放弃，于是我的课题前期实验就这样拉开了序幕，课题研究也悄然开始。此时的我完全没有意识到美术的课题开启了我人生的大课题。做一个什么样的美术教师，如何成为一名优秀的美术教师等问题逐渐在我的思想里清晰起来。可以说，懵懂中我已经一脚踏进了遵义深厚的美术教育教学土壤里，并在此埋下了美术教育的种子。我像找到组织一样，逐渐认识了很多优秀的美术教师，和他们建立深厚的情谊，一起在土壤里扎根萌芽。

终于迎来了遵义市的课题申报，而一切又都是那么顺理成章，作为初出茅庐的美术教师，我顺利拿到了市级课题的立项。这对于我来说意义非凡。那个时候，遵义市的课题研究刚开始在美术教师中铺开，而我成了新蒲区的凤毛麟角，关注与希望的目光点燃了我心中的热情。我也得到了很多前辈与老师的细心提携与点拨，使我从不会、不懂、到略知一二，再到一个能独立主持并完成研究的课题负责人。我深深感到我拥有一个良好的教育研究环境，它如阳光、空气与水一样浸润着我、包围着我，在这样的土壤里，我才能顺利地成长。

课题立项后，我把学校唯一的一名美术教师张宇、小学的一名兼职美术教师杨长君拉进了课题组共同来做这个课题。尽管我们三个人在当时好像都不太专业，但我们有个共同特征，就是不计较得失、不害怕失败、能够吃苦，关键是想要在一起相互学习、共同进步。经过多年的努力，课题在2017年顺利结题。可以自豪地说现在我们也成了当地美术教育的一个“符号”。在做课题的过程中，我们都有一个切身体会，就是作为一线教师，做课题不仅仅是研究或解决一些教育教学的实际问题，更重要的是，通过经历完整的课题研究过程，教师能够得到全方位的成长。课题结题后，我们都感到自己对教育、美术教学、课程、育人等重大问题有了新的认识，无论是理论还是实践，我们都有了较大的进步。我们由衷地感受到了成长的欣喜！

2015年，由于我多方面的突出业绩，我幸运地被遴选到遵义市第十四中学任教，这是一所高中学校。再也不需要跨学科教学，我终于成为一名专职美术教师，开始了“野蛮生长”阶段，从一个毫无经验和思想的老师成长为对美术教学有自己的观点和态度，有较丰富的教学经验和研究能力的老师。

三、教学教研的历练成就了理想的事业

高中美术鉴赏课对我来说是既陌生又熟悉的领域，大学

里学的中外美术史只有依稀的印象。刚开始，我都只能选着上，两周备一节课都感觉来不及。正在我苦闷于教学业务和专业知识的不足时，我意外地收到了首批名师工作室主持人王松老师的橄榄枝，成为王松名师工作室的第一批学员。我很珍惜这个机会，积极参加工作室的每次培训，结识了很多遵义市各区县有着共同志向的美术教师，与大家一起进行业务上的交流，在这过程中也升华了友谊，让我感受到团队所带来的温暖和学术上的不孤独。王老师提出“美术教师的两条腿走路”就是希望老师们既钻研美术教育教学理论，又夯实美术专业基础、补充学科专业能力。王老师还为我联系遵义市兼职美术教研员、遵义四中邬义波老师进行帮扶。四中完备的课程管理、邬老师的严格要求，给我留下很深的印象。那个学期，我每周都去听邬老师的常态课，才发现原来美术老师即使处在学校管理的边缘，依然可以在职业里活得如此精致。邬老师生动有趣、有深度、有温度的课堂刷新了我对备课的认知。同时，邬老师和学生的相处让我明白教育教学这个职业是如此快乐，工作的每天都充满了青春阳光的力量，工作也可以如此享受。邬老师对高中阶段篆刻教学的执着追求也深深触动了我，我暗下决心在专业上一定要发展自己的一技之长，以便自己在以后的工作中可以胜任选修课模块教学。于是我找到了市书协尹开桂老师，跟他学习书法。尹老师性情温和，对学生认真负责。学习过程中，尹老师鼓励我参展，省展、市展我都投稿。后来我成为省书协会员，拓展了自己的专业圈子。拿到省书协的会员证，也相当于取得了从事书法教学的资格，在学校开设书法选修模块也是合情合理的。这使得我在丢失的专业领域里又找到努力和前进的方向。

因为在思想上、教学上、专业上我都很幸运地遇到了上面所提到的这些老师和朋友，在美育的道路上也顺利地遇见了最美的自己。我相信厚积薄发、从无到有。我向学校申请设置书法教室、征订书法选修教材，并规范地开设书法选修课，这些都得到了学校的支持，算是有了一个专属的教学平台，也使我的工作热情倍增。在学校“申示”评估工作中，我上了一节美术学科的书法选修课，得到了评估专家的认可，获得了“优秀”的评价。这也使校领导们看到了“边缘学科”的重要作用。之后，书法选修模块课程的规范开设成为学校特色课程亮点，我也开始觉得我是可以“发光的” 。

2017年，新蒲新区举办高中美术优质课竞赛。因为区里高中学段的很多老师都是经验丰富、从事高中美术教学多年的前辈，所以我当时并没有抱有出线的希望，但我以全力以赴的态度对待，更多地把这次机会当成了学习和锻炼的机会。在大多数老师选择美术鉴赏、绘画模块的情况下，我选择了书法模块的课题。我重新研读《普通高中美术课程标准》，理解高中美术课程及书法教学的目的、价值、方法，以期找准我教学的方向和方法。最后比赛中我取得了优异的成绩，直到参加省级、国家级比赛，获得了贵州省第六届高中美术优质课比赛一等奖；全国第八届中小学美术优质课比赛二等奖。只有经历过才明白，一节展示课背后关于教学、专业、教育理论等相关学科知识的积累与沉淀是何等的重要！省赛中我和我的战友朱尧、张宇并肩作战，我们一起探讨课的问题，是否能获奖早已被我们抛之脑后，共同沉浸在自己的课堂研究中。紧接着，青年基本功大赛又拉开了序幕。当时学校里也只有我符合文件规定的年龄条件，在教学技能、专业能力上的进步让我慢慢可以驾驭美术学科所涉及的教学宽度，这很大程度上建立了我在高中学段美术学科的教学自信，也终于在教书育人的职业道路上有了底气。当学生在其他学科未能解决的困惑在美术课堂上豁然开朗时，我特别有成就感，也开始享受我的课堂。我觉得我正在做一件伟大的事情，与学生一起分享“向美而生”的人生态度。这种状态便是最美好的。这也让我感受到我在经历一种美的遇见，遇到最美的自己。这使我倍感幸福。

2017年我当选为新蒲新区中小学教研学会美术分会会长，负责组织开展新蒲新区美术教师的教研活动。开始我也很惶恐，摸索着去开展教研活动，根据自己在教学中所遇到的问题，以及一线教师在发展中的需要去设计每一次活动主题与内容安排。后来教育学会被取消，成立教研中心，我也成为兼职美术教研员。这个身份更加具有责任感和使命感，在各项教研工作中，我更加清楚自己责任的重大。针对美术师资缺乏的现状，区里新进了很多年轻美术教师。由于担心年轻教师们会产生找不到成长方向的迷茫、没有团队的归属感、处在学校边缘的困惑和焦虑，我努力把这些年轻教师遇到的问题当成教研工作亟须解决的问题而开展相应的教研活动。教研活动中，既邀请有经验的教师进行引领示范，又搭建平台让年轻教师得到展示和锻炼。现在我还清楚地记得，我组织开展的第一个区级美术教研活动的主题就是“课题的开发与案例讲解”。我是从做课题开始的，我很清楚一线老师对做课题有多惧怕，也更清楚一线教师做课题对日常教学有多重要，所以我希望美术老师们都能成为研究型+实践型的教师。

还记得王松老师名师工作室对老师们的发展要求是教学+专业，两条腿走路，要同时发展。所以我们在开展教学能力提升为主的教研活动的同时，也开展春季、秋季美术教师采风写生活动。在这种风气影响下，我们区里参加活动的老师越来越多，开始画画的人多了起来，从半天的写生活动也变成了全天的写生活动，教师们加入市美协、省美协的人员也多了。区里美术老师们的作品也频频在省、市级各种展览中引起关注，同时又为我们区创造了良好的交流学习氛围，提升了教师的专业水平，在教学中逐渐显示出了优势。老师们指导的学生作品也多次获国家级、省级、市级各种奖项，这极大程度提升了美术老师们在专业上的自信。最近这两年，我区美术学科获市级、区级课题立项的课题数量不断增加，取得区级、市级骨干教师和副高级职称的人数明显增加，优质课比赛、基本功大赛获奖人数也有了突破。我和我的伙伴们能够一起担起新蒲新区美育工作的重任，我们为此感到无比的欣慰和自豪。我也从前辈口中的“玲妹妹”变成了“后浪”口中的“玲姐”，我很庆幸在美育的路上有大家同行！

我也很乐意与学生们相处。大学里我认为最枯燥的中外美术史在高中《美术鉴赏》中出现，曾经让我觉得惧怕，不知怎样让学生理解这些美术作品。于是我恶补各种中外美术名作相关知识，沉下心来认认真真备好每一节课。当在课堂上看到学生们的一双双眼睛都看着我，和我一起讨论、向我提出问题，那种双向奔赴的美好，是真的可以感受到课堂是活的、有生命的！因为学生们喜欢我的课，所以我一般是不能缺课的。因为担任兼职教研员经常出差，有时候一次课不上，学生就会跑来找我“算账”，问我去了哪里，为什么没来上课，要我把没上的课补上。这种备受关注的存在感，使我养成了不管去哪里出差，都会先调课，上了课再出差，再也不敢轻易不去课堂了。工作中、生活中也会遇到很多烦恼，不得不说我也无数次被我的学生所治愈。我之所以对做美术教师这份职业具有很强烈的“幸福感”，原因之一就是我的工作让我能与这些富有青春活力的孩子相处。

最后，我想说的是，作为一名曾经的乡镇美术教师，在自身专业成长的道路上遇到了许多给我指引的老师和同伴，他们不只是在专业上给予我引领，更有精神上的关怀、情感上的交流，这使我深深感受到了团队的温暖与能量。我幸运自己能扎根在遵义这块美术教育的沃土之中，得到自由而健康的成长。

第二篇

课程改革的践行者

自2001年至今，中国基础教育课程改革走过了二十余年历程。从突破“双基”局限，到“三维目标”追求，再到“核心素养”引领，每一次的课程改革，都给基础教育带来了新的理念、提出了新的要求，同时也为广大中小学教师进行种种课程、教学的改革与实践提供无限的空间与机遇。有不少教师勇于迎接挑战、紧跟时代要求，抓住课程改革的机遇，进行大胆的探索与实践，取得了丰硕的教学成果，也促进了自身专业的成长。本篇中介绍的8位女性美术教师就是其中的佼佼者。

罗怡、黄艳、刘健、朱敏慧、赵瑾、汪珊珊、邹佳、廖家秀这8位优秀女性美术教师，她们在承担家庭责任、养育子女的同时，也在教育事业的职场上挥洒青春热血，以饱满的精神状态在教师职业生涯中深耕、开花并结出丰硕的果实。她们见证了中国近二十年来的课程改革，同时也是这场课程改革的参与者、实践者，更是贵州省课程改革的先锋队。她们都是来自各地小学、初中、高中教学一线的美术教师，也有部分成长为美术教研员。从她们的叙事当中，我们看到的是一张张鲜活的面容和火热的教育情怀，看到的是她们对美术教师身份的认同、珍惜和热爱。最重要的是她们在美术课程改革的浪潮中勇做弄潮儿，并在业内取得了骄人的成绩。因此我更愿意将她们称为贵州美术课程改革的女子先锋队，这支先锋队有着四个显著特点。

第一，敢于迎接挑战，不断超越自我。此篇中的8位教师几乎都经历了从2001年—2024年中国的基础教育课程改革，每一次课程改革及新的课程标准颁布，都意味着必须及时更新教育理念，转变观念，迎接新一轮课程改革挑战。在这期间，老师们有的面临学历不高的焦虑、有的面临身体健康出现状况、有的面临专业发展瓶颈，还有的面临工作安排出现较大变动等各种问题。但最终她们都选择了迎接不同的挑战，成为更好的自己。例如罗怡老师从一名美术教师转型为艺术教师，一切又从零开始。但她勇于接受挑战，尝试学习音乐和舞蹈，提升自己的艺术综合素养，并以此从原来陈旧的美术课固有模式，转变为更加活泼灵动、更具有感染力的课堂。刘健老师参加工作之初，被安排到学校办公室工作。行政会议纪要、档案管理、人事调动等繁忙事务和教学经常让她忙得晕头转向，但她因此养成与文字打交道的习惯，搜集素材、梳理脉络、推敲逻辑、反复提纯，从而为她之后具备较强的语言逻辑能力和文字表述能力打下了基础。黄艳老师从刚工作时因为被安排上《思想政治》课而躲在寝室默默流泪，到接受挑战、成长为市级教研员并担任教科院副所长职务，这些经历都成了她们成长过程中的宝贵的财富，并转化为终身学习的态度和能力。也正是这种不断超越自己，不惧挑战的精神让她们站上了更高更大的舞台。

第二，追求“真实性”的教学风格。基于核心素养的学科教学是寻求“真实性”的教学，华东师范大学钟启泉教授认为这种“真实性”包含了真实性学力、真实性学习、真实性评价。真实性学力作为二十一世纪能力，必须借助“真实性学习”。一名优秀的美术教师在形成自己有效的教学风格的过程中，一定是以“真实性”为基础并自我总结与反思而不断生成的。基础教育课程改革是中国式现代化进程发展的必然，需要教师转变教育观念，积极投入教改研究。无论是在教学理念、教学手段、教学方法上，都需要教师善于思考、勇于创新、与时俱进，最终拥有个人独特而有效的教学风格。如罗怡老师的“交互式课件综合教学探索”；刘建老师自创的“立体主义教学法”及“一个人的同课异构”“备课六点论”；汪珊珊老师“儿童绘画日记”美术教学；赵瑾老师“体验快乐、激发潜能、发展个性”等。在这些老师的美术课堂教学中时时体现着这种教学的“真实性”，其特点在于她们的教学目的并不简单止步于美术知识与技能的掌握，而是以学科为载体实现育人目标，在此基础上结合学生经验、学科特点、真实情境等因素，引导学生展开有问题、有任务、有深度的综合式学习，通过这种学习促使学生艺术核心素养的形成。

第三，立足本土的校本课程开发与利用。美术教师不仅是课程的实施者，也应该是课程的设计者、创造者和开发者。优秀的美术教师一定是善于运用地方美术资源的。她们能够根据所在学校实际，树立课程开发和设计的意识，付诸实践并最终形成可推广的科研成果。如遵义汪珊珊老师将黔北乡土美术资源融入小学绘本创作与运用，获得省级课题《扎根乡土文化资源的小学美术绘本创作与运用》立项；黄艳老师在教育科研工作中，注重传承与创新相结合，把中小学美术教育与地方特色文化有机整合起来，主持并完成了贵州省规划课题《美术教学示范作品研究——以地方民族民间艺术为例》、西部教学改革支持计划培育项目《融入民族文化构建地方特色课程——以蜡染艺术为例的实践研究》课题，在结合地方美术资源与课题研究上，取得了显著的成绩；朱敏慧老师在贵阳市第二十七中学开设民族传统工艺的课程，以扎染、蜡染、刺绣为主，她主持的蜡染扎染社团成为学校一道亮丽风景线，学生作品多次参加各类教学成果展并获奖；邹佳老师组织学生深入走访贵州兴仁的多个苗族村寨，开展民族文化与服饰——兴仁苗族服饰调查实践活动并撰写调查报告，该项活动获得了2015年黔西南州科技创新大赛科技实践活动项目州级一等奖。还有诸如贵州傩戏面具、丹寨石桥村古法造纸、苗族蜡染、布依族古建筑等贵州地方美术资源，都出现在这些老师的美术课堂中。这些教师通过美术校本课程的开发、建设与实施，使生活在贵州这片土地上的孩子们进一步了解了家乡的民族民间美术文化，更加热爱自己的家乡和民族。

第四，“名师”示范引领下的团队共赢。作为中小学美术教学名师，除了自身的教学专业发展，更需要为一线美术教师们搭建学习交流的平台，发挥名师的引领辐射和示范作用。中小学美术名师工作室，不仅是名师培养的重要环节，同时也是名师发挥各自作用的一种方式。作为名师工作室的主持人，需要以身示范，营造教师间积极进取、相互学习、交流合作的浓郁教研氛围。作为兴义市初中美术名师工作室主持人的廖家秀老师，注重工作室成员教师之间的合作与交流，以合作共赢的形式，探讨新课标下美术核心素养培养的途径方法。她结合自己和其他优秀老师的经验，重点解决美术老师如何面对备课、上课中出现的各种问题。在她的团队帮助下，其成员梁老师在省级优质课比赛中获得了一等奖的好成绩。遵义市小学美术名师汪珊珊老师在主持工作室期间，带领团队教师共41位成员和学员，围绕“黔北乡土美术资源融入小学绘本创作与运用研究”课题式的研修模式，以培育学员终身学习能力为核心，以提升教学实践能力为主线，开发地方特色文化绘本课例。在教师培养上，采取分层、以导师制带领小团队研修的方式，将工作室成员分三个团队，建立竞争机制并定期进行考核，形成了课题研修中促进教师专业化发展，团队梯队建设促进教师良性成长的良好模式。朱敏慧老师带领团队教师积极加入课程改革的学习研讨并服务于基层，通过与多部门联合举办美术专场活动、送课下乡、精准帮扶、简报编辑等活动内容，既使团队成员和学员得到成长，又对地方美术教育教学发展起到了推动作用……这些名师借助工作室的机制，充分发挥名师的辐射带动作用，通过自身的示范和引领，为贵州的中小学美术教育做出了贡献。

本篇8位女性美术教师将她们二十余年来从教的经历、工作的困惑、成长的故事展现给读者，每一位身上都闪耀着她们各自独有的光。这八束光，不仅照亮了数以万计的学生，同样也照亮了美术教育同行者。她们的成长经历，是对自己教学智慧和经验的梳理，是课程改革时期工作的总结和回顾，更是和自己的一次对话。细读她们的心声和成长故事，我们能够感受到她们从教生涯中的每一次变化。相信读者及年轻的美术教育工作者也能从她们的这些成长叙事当中得到启示和激励。最后，我以罗怡老师叙事中的一句话作为这篇导读的结语：“挑战、热爱、榜样、目标、机遇。只要坚持做自己所热爱的事，相信在平凡的岗位上也能做出不平凡的成就。”

李亦扬

美术不仅是培养孩子的审美，更是一种美的传承和对生活的热爱。

——罗怡

罗怡，贵州省贵阳市花溪区第四小学美术高级教师；贵州省优秀教师、贵州省黔灵名师、贵州省骨干教师、贵阳市四有好老师、贵阳市市管专家、贵阳市筑城工匠、贵阳市信息技术专家库专家、花溪区优秀高层次人才、花溪区区管专家。

相信坚持的力量　遇见最美的自己

◇贵阳市花溪区第四小学　罗　怡

我是一名从教三十多年的一线美术教师，在这三十多年的从教生涯中，有不少让我感动的事激励着我成长。我总结了这5个关键词与同仁们分享，那就是：挑战、热爱、榜样、目标、机遇。只要坚持做自己所热爱的事，相信在平凡的岗位上也能做出不平凡的成就。

一、一切成功皆为挑战

有人曾说，要感激每一个新的挑战，因为它会锻造你的意志和品格。我很认同此话，在我专业成长的每一份收获背后，都凝聚着不懈的努力和挑战自我的勇气。1992年，19岁的我成为一名厂矿子弟小学的教师。由于太年轻且学历也不高，我决定通过成人高考进修自己的美术专业知识，学习设计、绘画和工艺美术。我利用自己工作以外的时间，奔走在任职的小学和学习的大学之间，期间我创作的作品多次刊登在《贵州教育》杂志，招贴画《从今天开始绿化生存环境》获得西南地区职工艺术大赛三等奖。

2001年，基础教育课程改革在全国启动，我们区作为贵阳市的实验区，使用了美术、音乐、舞蹈合并为《艺术》的教科书。已有8年教龄的我必须要从一名美术教师转型为艺术教师，一切又从零开始，我开始尝试学习音乐和舞蹈。面对新的要求、新的领域，我虽然心中无比茫然，但也迫切地想改变现状，去挑战美术以外更多领域的知识，让自己的综合能力有所提高。于是我认真请教音乐老师从简谱开始学习，和她们一起做教研。从音乐老师那里我不只学到了专业知识，还学到音乐课的教态之美、声音之美及节奏之美，使自己在与音乐老师的互相学习中得到充实和提高。经过几年艺术学科的熏陶和打磨，我跳出了原来陈旧的美术课固有模式，致力于让课堂变得更加活泼灵动、更具有感染力，课程设计更加注重学生的体验性。我原本内向胆小的性格也在一次次历练中有了很大的改变。2004年对于我来说是一个十分重要的时间节点，我不仅代表小河区参加贵阳市优质课比赛获得了一等奖，教学设计《三个好伙伴》还刊登在《教育通讯》杂志上，还参加了美术教师基本功比赛，获得市级二等奖，设计制作单项技能一等奖。这些比赛给了我极大的肯定，让我对自己要成为一名优秀的美术教师这一目标充满信心。

2004年我有幸成为小河区美术兼职教研员，从一个整天面对小朋友的小学美术老师，成为引领一个区域美术教育、指导中小学美术教师的教研员，我感到需要学习的地方太多了。 2008年，我重新审视自己，下决心去师范大学读书，提升自己的专业能力。此时，时隔上次进修已有15年之久的我已经35岁，又一次踏进成人高考的考场。在2009年的春天，我终于如愿成为贵州师范大学的一名学生，进修美术学。3年的进修学习是充实的，让我有机会进一步深入学习油画、版画和国画等专业。学习生活不仅让我自信满满，也让我无比充实。正是那时的坚持与挑战，让我受益匪浅，并由此让我树立了终身学习的信念。

2017年，已经44岁的我作为一名高龄教师又一次挑战自己，经过区级优质课比赛获得了市级优质课比赛的入场券，此时距上次获得市级优质课一等奖已有13年，是所有参赛老师中年龄最大的一位。我在从区赛到市赛短短一个月时间内，打磨出了两节不同年级、不同课型的美术课。由于工作量太大导致突发腰椎间盘突出而深受腰痛的困扰，我只好每天抽空去诊所治疗。每当症状缓解后，我又像打了鸡血一样去上课、研课。比赛结束后我被直接送到医院，可是这次比赛的结果却不尽如人意，只获得了市级三等奖，这对于我来说是一个不小的打击。有风有雨是常态，就因为这次的失利再次点燃了我的斗志。在进行深刻的教学反思后，我将教学反思修改成论文《美术教材与本土美术文化的整合及实施的深度思考——以〈神奇的装饰柱〉一课为例》，随即参加论文比赛获得省级一等奖。后期我重新打磨这节课，参加2018年全国“一师一优课、一课一名师”活动获得部级优课。2019年我以此课为例撰写了《神奇的装饰柱——创新课导入片段案例》参加教育部组织的“一师一优课、一课一名师”活动丛书《优课资源创新应用案例》征集活动，经过活动主管部门审核推荐，中央电教馆专家的严格遴选和培育，最终入选成为全国138个案例中的一篇并印刷发行。回望过往，我真的从心底感谢自己，每一次都能勇敢果断地从自己的舒适区中跳出，使自己探索的领域越来越广阔，内心也在应对一次次的挑战中变得越来越强大。

二、一切起源皆为热爱

“热爱”缘起我的父母。二十世纪七十年代我的父母响应国家号召“支援三线建设”，从上海来到贵州建设工厂，从此扎根在贵州。他们将智慧和青春都奉献给了这片热土。受父母的影响，我也深深热爱这里的山、这里的水、这里的民族文化，更热爱这里的人。正因如此，2018年我就如同当年父母支援贵州一般，申请去边远山区支教，来到距离省城三百多公里的沿河土家族自治县实验小学。在全面脱贫之前，沿河是贵州省14个深度贫困县之一，当地劳动人口大多选择外出打工，导致学校里大部分孩子都是留守儿童，县城中很多学校严重缺乏专职美术教师，学生美术基础较弱。在这种情况下我任教两个年级8个班的美术课，尽我最大的努力让这些山区里的孩子欣赏到更多的美术作品，学到更多的基础美术知识，开阔他们的眼界，让他们感受家乡的美好并用美术语言去表达自己的情感和想法。支教期间我创办了美术社团，为孩子们开设了刮画课程和马勺画课程，由于大部分学生美术学习工具十分欠缺，我就提议采用便于搜集的包装纸盒进行半立体纸板堆贴画。以什么为堆贴画的创作主题呢？经多方打听了解到沿河土家族自治县是土家族傩堂戏发源地，我利用课余时间走访了当地的傩面雕刻师杨云霞女士，确定美术社团课就以“傩堂戏面具”堆贴画为主题，为了让同学们能了解这一当地特色民族美术文化，经学校领导同意，组织美术社团里的孩子们参观了杨女士的傩堂戏面具艺术工作室，为孩子们讲解每一具傩面背后的故事，深入了解傩堂戏面具的造型之美，还请民间艺人亲自演示制作方法。收集大量素材后，我与孩子们创作出了一大批独具特色的纸板堆贴傩面作品。特别是牛皮纸板材料呈现出木头的色泽，再经过孩子们灵巧的双手一层层堆叠，产生了刀砍斧劈的木雕效果。经过一个学年的学习，在“六一”儿童节展演时，一组组作品惊艳了全校师生，而这一群美术社团的孩子也成了全校孩子们心中的明星。看到他们充满自信的笑容，看到他们认真为同学们介绍傩面文化时骄傲的神情，我感觉所有的付出和辛苦都是值得的。2022年我还专门将这批孩子们的作品展示在“第四届中国—东盟艺术暨教育成果国际巡展”上，让更多的人了解沿河、了解贵州傩堂戏面具。

美术教育在慢慢滋润孩子们的心灵，也为山里的孩子开阔了眼界，找到了自信。当我结束支教准备返程时，孩子们围着我怯生生地问：“罗老师你还会回来吗？”“等我长大我要去贵阳找你”“我也要成为你这样的老师”。泪水浸满了她们的眼眶，我坚定地点着头哽咽地说：“会的，一定会回来的，我也会在贵阳等着你们。”2019年支教回来后我有幸参加了国家级课题《共同体生态圈下“双师课堂”助推区域薄弱学校教学模式研究》的研究实验工作，通过“互联网+”培育农村教师的双师课堂模式，每周向本区若干所农村小学同时推送优质美术课程，让农村孩子们也能学习专业的美术知识，这项实验研究解决了不少农村缺少美术专职教师教学的困难。3

年来我用实际行动兑现当初的诺言，让美育滋润孩子们的心灵。希望在不久的将来，我也能通过互联网连线沿河县，连线全省更多的农村学校为孩子们上课，让更多偏远农村的孩子也能接受到更好的美术教育。

在沿河支教时，我深刻地感受到偏远地区的孩子与城市里的孩子在智力和能力上并没有什么区别，他们只是信息比较闭塞、见识少，并且因为家庭原因家长无力给予孩子有效的指导。支教回来后看到身边的孩子们与发达地区的孩子们不也同样是因为见识不够而产生了差距吗？这使我更加坚定了一个信念：要上好每一堂美术课，尽自己的能力为孩子们介绍更多的美术知识和其他文化知识，让孩子们的眼界更加宽广。2019年我接任一年级6个班的美术教学工作，当时我就在心中默默地许下一个愿望：在力所能及的情况下带着孩子们走出小小的教室去校外看一看，在生活中寻找美。贵州是一个多民族地区，我们就从了解贵州的民族民间美术文化开始。四年间我先后组织了3场美术馆公益课程，2020年7月带孩子们走进贵州省美术馆参观了《神秘的面孔——贵州戏剧面具展》、2021年6月带着孩子们走进孔学堂参观了《苗族刺绣展》、2023年9月带着孩子们走进贵州美术馆参观了《符号与记忆——苗族刺绣与服饰展》。同学们每次看完展览后都有问不完的问题。除了解答同学们的问题，我还想给予同学们更多的启发，让他们思考民族美术文化过去、现在和未来。其中五年级（3）班的张子涵同学看完展后这样写道：“这个展览让我了解到贵州人引以为豪的苗绣，了解到苗绣的前世今生，了解到一件苗绣衣服至少要绣一年四个月甚至更长的时间。在参观中我了解到苗绣的各种绣法和纹样，深切地感受到一针一线绣出来的辛苦，感受到一种文化的传承和伟大。这样的文化应该被更多人知道，被传承、被创新，而不是永远被‘收藏’。我们引以为傲的手艺被尘封、被遗忘，这不该是苗绣的未来，等待它的应该是宣传、传承、创新。”子涵同学你知道吗？你的感受同样给老师带来了不少动力和感动。五年级（2）班的钟梓萌同学还在网上对苗族纹样和苗绣进行了更多的查阅，扩充自己的知识面。钟梓萌的妈妈在微信朋友圈中这样写道：“从前我认为美术课就是画画课、手工课，认识罗老师以后，通过这几次的活动慢慢了解到，美术是一种重要的文化行为，是情感、思想的表达、是在交流中产生和发展的。一个国家必须有自己的文化，这是民族的基础、民族的特性、民族的信仰和民族的自信。”看到同学们和家长们对贵州民族文化在思想、情感态度上的改变，我由衷地感到欣慰，感到自己一切付出都是值得的。

三、一切进步皆为目标

高尔基曾说：“一个人追求的目标越高，他的才能就发展得越快，对社会就越有益。”规划自己的成长路径，设定好每一个阶段的小目标并力争实现，这是我追求专业成长、不断完善自身的基本路径。因为许多客观原因，我一直停留在初级岗位20年，但我却从来没有懈怠过，一直到2013年我才被聘为一级教师，而这一年我已经40岁了。于是我默默地为自己接下来的教师生涯定下了十年目标：要在这十年里成为省级骨干教师、高级教师、贵州省名师。当追求优秀成为一种习惯时，其实所做的任何事都成为一种常态化的工作。比如我每一年要写一篇论文，上一节公开课，辅导学生参加各类美术比赛，要求自己踏踏实实地上好每一节美术常态课。就如春天默默种下的一颗颗种子，盼望着秋天能有所收获，有了目标就有了动力和方向，在不懈的努力下，我居然一一实现了十年前定下的目标。回首这十年，我撰写论文十余篇，其中获得全国一等奖1篇、省级一等奖9篇、省级二等奖2篇；省市区级示范课、公开课18节；参加教师技能大赛获得很好的成绩，优质课连续3年获得“一师一优课、一课一名师”部级优课；先后参与市级课题3个、省级课题2个、国家级课题1个；合著出版著作2部；辅导多名学生参加各级各类美术作品比赛获得省、市级的一、二、三等奖。组织开展了博物馆课程4场……随着教学岗位和角色的转变，我定下的目标也越来越多，影响的学生和老师也越来越多，我对未来充满着期望和畅想。

四、一切力量皆为楷模

以身教者从，以言教者讼。榜样的力量是无穷的，我有幸遇到了好几位值得我学习的榜样，她们在平凡的岗位上做出了不平凡的成就。

我的第一位榜样是原小河区的音乐教研员刘琼妮老师。从她严谨的治学态度中我学会了要以认真和严谨的态度对待教学。还记得她为我们上过的一次示范课《抓螃蟹》，课上得精彩而有序，孩子们像着了魔一样随着她的律动投入地学习，眼中闪烁出智慧的光芒。课后刘老师通过说课分析了此课的教学目标和教学方法，将教学重点和难点化解在每一个学习活动中。一个个有效提问激发着学生深度思考。最为感动的是她在教学中十分注重对学生学习行为的指导，比如如何举手、合作、认真倾听，包括下课时如何有序排队轻声离开功能教室等，都要考虑到位，将品德教育贯穿于整个课堂教学中。课下她告诉我们上好一节课细节十分重要。比如她会在课前将板贴有序地摆放在顺手的地方并事先将双面胶的一角撕开方便上课时能快速上墙，上课时的着装、语言，各种乐器的展示都展现教师的综合素养。正是这些似乎微不足道的细节凝聚了老师多年教学经验和对教学工作的热爱。

第二位影响我的榜样是贵阳市南明区尚义路小学的潘彬老师。她是贵州省特级教师、教育部领航名师、省级名师、省骨干教师、省优秀教师。她大气的教学风格，严谨的做事态度，以及有温度、有情怀的教育理念深深地吸引着我。她用自己的成长经历告诉我：从小事做起，做一个用心的老师。从她的身上，我知道优秀并不是高高在上、遥不可及，优秀是身边潜移默化的影响。她常说“一个人可能会走得很快，但一群人会走得更远”。随着角色的转变，我帮助的老师也越来越多，从原来区里市里的美术老师扩大到全省各个市州县的老师，虽然这占用了我大量休息时间，但回复老师们的问题却让我十分快乐，我也慢慢如同这些优秀的榜样一样影响着更多的年轻老师们，成为他们心中的榜样。

要在孩子心中树立榜样。德国教育家福禄贝尔曾说：“教育之道无他，唯爱与榜样而已。”孩子所崇拜的“偶像”、所感受到的精神高度，会直接塑造他的价值观，从而影响他一生的行为和三观。我是一名老师也是一名母亲，我想只有教育好自己的子女才能更好地教好我的学生们。2020年因疫情原因，上高中的女儿停课在家通过网课学习，而我却比停课前更忙了。贵州省教育厅组织优质学校进行“空中黔课”的录制工作。在名师工作室领衔人潘彬老师的带领下，我和工作室部分成员，积极地投入到“空中黔课”美术学科的备课团队中，帮助录课老师们更好地完成任务。录课期间我几乎每天工作到深夜，一直坚持了一个多月，总希望能为同学们呈现出最美的画面和最优的设计。女儿每天看到我忙碌的身影和积极工作的态度而被深深触动，她为有我这样一位老师妈妈感到自豪，为此写下一篇歌颂老师的小散文《插柳人》：

“柳树抽芽了，我站在屋里远远地望着花坛，那枝丫上的点点嫩绿在灰蒙蒙的天气里格外显眼。

疫情在中国大地上肆虐，只有三五个人戴着口罩在清冷的街道上穿行，消毒水的气味弥漫在这片土地的每个角落。

春天到来了吗？我裹紧身上的棉衣，看着安静躺着的书本。

母亲是一名小学美术老师，她在这样的危急时刻被召去上网课。许多夜晚，她坐在电脑前加班加点地准备着课件，电脑的光映照在她脸上，我看见她坚毅的脸庞和闪着微光的眼神。

清晨我起床，打开电脑，看着那一串串令人心痛的数字，缓和心情之后，打开网课。我透过屏幕看着黑板上的知识点，看着老师在屏幕里的局促，我的心怦怦跳，着急地记着笔记，我问着：春天何时才能到来啊？

耳机里传来讲课的声音，叩响我的心弦，那是春弦、是春天的声音。

我看见母亲高兴地给我看孩子们做的手工课作业，看见母亲在网课中的作品，看着她拍摄的、介绍参与制作网课时放映的好看照片。

春天真的到来了吗？我一遍又一遍问大地。

当我望向窗外时，看见了插柳人。他们用知识灌溉每一棵柳苗，盼望着温暖的春天，拨开云雾，找到了太阳。

插柳人的柳树发芽了，春天来了！”

我被女儿朴实无华的文字感动，也为能成为她的榜样而自豪。女儿的这篇小散文也被收录在《万里同心——中华少年齐抗疫图文集》中。

五、一切机遇皆为努力

机会总是留给有准备和肯努力的人。有时危机就是契机、破洞就是出路。随着时代的进步，信息技术被广泛运用于各个领域，我们的教学也在发生着巨大的变革，传统教学已经不能适应现代教育的需求。特别是美术学科需要提供大量的图片、视频来激发学生的视觉感知，获得以视觉为主的审美体验，陶冶审美情操。于是我开始挑战PowerPoint课件制作，从一个打字都困难的“小白”成长为一名“电脑高手”。

2011年我参加了非信息技术教师课件现场比赛获得了市级一等奖，让我感受到信息技术给美术教学带来了新的生命。

2017年是我对自己多年教学最为困惑的一年，因为我不知道自己对教材的处理是否正确，对美术课标的理解是否有误，教学方法是否恰当。正在彷徨时，我接到了市教育局组织老师参加中央电教馆的“一师一优课、一课一名师”活动的通知，于是我将当时老师们极有争议的利用交互式课件上的一节综合探索课《保护古建筑》上传到国家教育资源公共服务平台，没想到我的课经过评审被专家认可并获得了部级优课。这对当时的我意义重大，因为得到专家的认可，让我对教材的把握和研究的方向有了底气。获奖后我经常通过国家教育资源公共服务平台进行观课，发现许多发达地区的老师的课堂很生动，信息技术与学科融合得相得益彰。一段微课一个交互课件的使用，既能吸引学生，又化解了教学中的难点，极大地提高了教学效率，这引起了我的关注，想着如果我也能学会，那我的课会不会更好玩，同学们会不会更喜欢呢？这个想法为我接下来的教学研究明确了方向。但是使用交互式白板、录制课件、制作动画和剪辑视频我都不会，这些技术问题像一座座大山，挡在了我的面前。由于身边没有专业老师，我就在网络上自学，在中国大学MOOC上我找到了南宁师范大学杨上影教授开发的《互联网+时代教师个人知识管理》《微课设计与制作》等课程，进行系统学习，在抖音学习平台中学习课件制作，在网易云平台等各种学习平台上学习图片处理、视频剪辑，动画、声音处理、教学交互式白板等软件的使用，每天一下班就在电脑上边学习边实践操作，沉浸在学习的快乐中。

每当我制作的微课或课件在课堂上引起学生阵阵掌声、惊呼声，看到孩子们专注地投入到学习情境中，我明白那些夜以继日的学习与付出都是值得的。接下来我又参加了2018年和2019年的“一师一优课、一课一名师”活动，连续三届我的优质课都获得了部级优课，这让我坚定了走“互联网+”信息技术教育之路，对翻转课堂和微课也产生了浓厚的兴趣，在省级微课比赛中也多次获一等奖。2020年，我入选成为贵阳市网络安全和信息化专家库专家，多次参与市级微课、信息技术与学科融合优质课等评审工作。每一次评审，我都能从中学到更多老师的新技术、新创意和新思想，并将其运用于自己的教学工作中。

抗疫的3年对于所有的人来说都很艰难，给教育行业也带来了前所未有的改变，学生们从课堂学习改为线上学习，老师们也变成主播“奔走”在各种直播平台上，各类技能比赛也改为云比赛，此时各地都急需一支既能教学又能熟练运用信息技术的教师队伍。而我的信息技术与学科融合研究得到了大家的认可，在花溪区教培中心电教馆老师们的帮助下，我组建了一支“双师课堂”优质教师团队，每周通过直播平台同时服务于我区多个农村学校同年级的同一堂课堂教学，同时还培养了一大批农村学校的专兼职美术教师。2022年中央电教馆组织精品课比赛中，我区美术团队获得3个省级二等奖，其中2节精品课获教育部优课。由于我在该项工作中表现突出，被推荐为国家中小学智慧教育平台应用省级第一批第二团队指导专家。

我一直相信“天道酬勤”，宝剑锋从磨砺出，梅花香自苦寒来。要想成为一名优秀的老师，除了努力，更需要有对这份教育工作的热爱，有对学生的爱，才能有不断突破自己、勇于克服困难的强大动力。回顾一路走来的点点滴滴，每一次成长都伴随着困难、危机和困惑，但只要坚持下去，就能将危机变成机遇，将困惑变成动力，在困境中变得坚强，在蜕变中不断成长，在平凡的工作岗位上也能做出不平凡的成就。

教师“不只是一杯水而是一桶水”的时代早已过去，唯有变成溪流，才可绵绵不绝，教育需要我们做终生的学习者。

——刘健

刘健，贵阳市第五中学美术高级教师、美术教育硕士、贵州省女美术家协会会员。从教30年。2004年被贵阳市教育局聘为贵阳市美术学科兼职教研员，贵州省高中名师工作室专家组成员，贵州师范大学、贵州师范学院外聘专家。多次承担省、市级美术学科比赛评委工作。曾获贵阳市美术优质课评比一等奖，贵州省美术优质课评比一等奖，全国美术优质课评比一等奖；论文、课例多次获全国、省、市一等奖并刊登于《中国美术教育》等国家级核心刊物。曾参与人民教育出版社初中美术教学资源的开发工作，与李莎老师共同研制的大单元教学设计案例《用传统手工艺美化生活》，被选用于教育部课程发展中心编写的《走向深度学习的高中美术教学指南》一书。

我的美术教育生涯三部曲

◇贵阳市第五中学　刘　健

时光荏苒，如白驹过隙，回望自踏上讲台之始，不知不觉中已有30年，痛苦过、质疑过……感谢这份对美术教育的热爱支撑着自己一路前行。在《阅读是教师的生命方式》一文中有这样一句话：一个老师上课时，是带着他全部的阅读史来上课的。而我想把这句话改成：一个老师上课时，是带着他全部的人生经历来上课的。回顾教学的30年，以10年为计，正好可以划分为三个阶段：磨砺中成长、机遇与挑战、沉淀与反思。将感慨之点滴梳理成文，以期抛砖引玉。

一、磨砺中成长

初出大学校园，未及挥洒自己散漫的艺术天性，就被指派到学校办公室工作。行政兼教学的繁忙事务立刻让我晕头转向：会议纪要、档案管理、人事调动，似乎度过的每一天都有一种炸裂的感觉！而我恍惚中总在出错：会议纪要中标点符号使用不当，档案的归档整理不够规范及时……做事常常毛手毛脚、粗枝大叶，其中包括将领导记有重要联系电话的信笺随手扔进了垃圾桶。

这一切似乎都与教学无关。

记得第一次承担全省农村教师“国培”讲座时，为了让讲述的内容更有针对性，我特意拟定了一份调查问卷，其中有一项是“请问除美术教学外，您还兼任其他工作吗？”在这一项中，根据老师们的回答情况是：绝大多数老师都不只是纯粹地上美术课，甚至同时拥有几种身份且承担不同学科的教学任务。于是我打趣道：美术教师就是“革命像块砖，哪里需要哪里搬”！这就是无奈的现实。不过转念一想，或许不经意间这也契合了“跨学科整合”的课改理念吧——因为对于热爱教学的有心人来说， 所有的这些都或将成为课堂的滋养。曾经的学生，而今平坝区第二中学的李奎老师在微信上发文称：美术老师不容易，要搞得了设计、弄得了国画、拿得住油画、玩得了泥巴、压得住版画！哲学要懂点、文学要了解、美术史要清楚、物理要精通、化学要基础，光学、解剖学、构图学、色彩学、数学、建筑学、美学……中学美术教师要万能的！虽为戏谑之词，却不乏道理。而他自己同时兼任生物课，每每看到他上传的学生生物课作业，我都不禁感叹：不会教生物的版画家不是好的美术教师！

而我自己也是在一次次的历练中不断蜕变。

由于要撰写会议纪要、各种简报与报告，让我逐渐养成与文字打交道的习惯，搜集素材、梳理脉络、推敲逻辑、反复提纯，此后数十年撰写教学详案的心得便得益于此。出于对文字的审慎，面对教材，我会反复研读，力求深入理解编者的思路，编排的意图；针对不同版本的教材进行反复对比、研判，分析其优势与不足之处，逐渐形成了一套自己的教材处理与备课模式。在反复的归档汇编整理的过程中，我也养成了随时随地留痕的习惯，所以直到现在我还可以翻出自己初为人师时的教学反思。诸如对好班，态度要和蔼可亲；对差班，要宽严相济，例如在上课时猛地提高声音，常会取得好的效果，偶尔瞪大眼睛望着不守纪律的学生也具有威慑力……每每翻看，自己也忍俊不禁！还能翻出20年前留存的初中学生的优秀作业，十几年前高一年级最初进行模块分班教学时对学生进行的意愿调查问卷，以及第一次在高校承担“国培”任务时的撰写的上万字的详细讲义等。收集、整理、反思、提炼，这样的习惯让我在教学与课题研究中受益良多，而一篇篇论文、案例也就此而生。第一次参加比赛，丰富、翔实、反复锤炼过的教案荣获学校首次教师教学竞赛中唯一的“教案奖”，颁奖典礼上副校长将长达十几页的详案作为样板一张张投影展示。因为前期资料准备扎实，后期行文有例有据、阐述充分，故我撰写的文章在投稿时往往入选率较高，其中也包括在《中国美术教育》上发表的几篇。

二、机遇与挑战

出于对美术教学的热爱，在多次提出申请后，学校批准我不再兼任行政工作，在教学的同时负责美术学科基地的建设。恰逢此时，学校迎来了远自辽宁，参加全国招聘后新上任的杨丽华校长。杨校长爱校如家、爱生如子；对年轻教师既严格要求，又信任放手；同时积极推进创办校报、校刊、社团，举办大型的校园艺术节、青年教师教学竞赛等活动。而我作为艺术教研组长、学科基地的负责人，自然不能推卸相关工作。从校报、校刊的编排到艺术节的标志、节目单、请柬、舞台都要进行设计，还需要负责艺术节目的筛选、整合、串编乃至最后的整场演出效果。工作的需要迫使着我不断学习。

在这样的情况下，我自学了当时最专业的设计软件Photoshop；再后来为了学科基地的宣传需要，自学了“网页三剑客”，并用一年时间设计搭建了学科基地网站；为了学校举办的第一次教学竞赛学习并制作了当时刚刚推行的PPT课件。后来学校又派我前往天津师范大学参与国家级重点课题“多媒体的画面语言的研究”的学习，从那时起，模块分组、视觉心理等研究术语与方式就此在心里扎了根。我为该课题撰写的教学案例《国歌响起》得到总课题组的高度评价，并在最后的结题报告中被多次引用。我所做的这一切，都对我综合能力的提升起到了重要作用。

对“多媒体的画面语言的研究”的深入钻研，使我在设计教学课件时对整体风格与教学内容的匹配高度重视，不是追求表面的愉悦与好看，而是力求形式与内容相统一，视觉呈现与视觉心理相吻合。时至今日，依然有老师表示从我2011年参加全国比赛的课件中受到启发。由于对大型活动的组织策划，使我面对教学时，不会局限于单独的课时，会从总体目标去考虑，整体去构想。而具体到一堂课的教学，我会更多地从教学策略的角度去考虑并展开。比如我会根据不同班级的特点将教学环节分解、重组，从而使教学更有针对性，我将此命名为“立体主义教学法”。加之自小爱好舞蹈、朗诵及阅读，且对不同学科都抱有兴趣，也使我在教学中触类旁通，常常能另辟蹊径。比如讲解美术形式法则“节奏”时，我会通过一首诗词的不同朗诵方式让学生快速领会，并通过声音的模拟使学生理解何为“韵律”，再通过通感的方式实现从听觉到视觉的转换。抽象、繁难的知识点被巧妙地化解，不仅学生感兴趣，在教师“国培”中通过现场演练，老师们也兴味十足！由于对各种活动系列视觉形象的设计加之课堂的需要，我开始考虑将两者结合起来，以艺术节为例，我会将美术字设计、标志设计、版式设计等内容的学习与艺术节结合起来通盘考虑，不经意间就形成了“大单元教学”与“项目式学习”的模式雏形。

三、沉淀与反思

记得很多年前在《北京教育》上看到过一篇文章，大意是一位老教师上了一节成功的观摩课，年轻教师请教他备课用了多长时间，老教师的回答是：一辈子。对此我深有感触。常常也有老师问我：好课是怎样产生的？而我的回答是：好课是生长出来的，需一年年地累积，不断地丰满完善，而后才能长得有模有样，乃至颇具特色。在不断地摸索中，我也逐渐形成了自己的实践方法与教学模式。譬如“一个人的同课异构”“备课六点论”等都是通过不断地总结，并多年坚持实践而得到的方法，这些方法在多次“国培”中进行推广，得到了老师们广泛的认可。

“同课异构”的教研形式大家都不陌生，即同一课题不同教师进行教学演示，各自展现对课题的处理、诠释。同课异构确实可给老师的教学带来启发，拓展思路。但日常教学中，教研更多的时候是基于教师一个人的独立思考、职业素养与创新意识。“一个人的同课异构”，是基于一个课题，老师竭己所能地去思考教学中的一切可能性，包括教材的处理、教学方法的呈现、学生活动的展开、教学策略的整体实施等。因为脑中常常会同时涌现多种设想，所以必须在不同的教学班级进行试验、筛选，最终寻得最优方案。比如我获得全国一等奖的优质课《我们怎样运用自己的眼睛》，基本就是我的一节随堂课，我只是把平时对此课进行的各种实验进行了优化、重组，适当调整而成。获奖并不是为师者从教的目的，脚踏实地面对教学，上好每一节课，给予课堂生机与活力才是我们首先应该考虑的。

对于老师来说，这样实施教学本身就是一种挑战，但它可以提升教师的成长速度，通过教学相长，使教师得到能力和素养的全面提升。对于一些难度较大的课题，在梳理成型后也常会被我全盘推翻。因为在经过不断的积累、大量的阅读之后常会产生新的创意，于是从头再来。比如《新的实验》一课就曾多次修改、反复提炼，目的就是为了能巧妙地搭建支架，让学生在自主探究中能充分体验“像艺术家一样去思考与创作”的全过程。后来该课在多种教师培训中进行了现场展示，很多老师听课后都表示深受启发。

“备课六点论”是针对如何高效、创新地备课提出的。所谓“六点”即除备课中必须考虑的重点、难点外，老师还应该“备”以下六点：“盲点”“情点”“跨点”“技点”“热点”“趣点”。所谓“盲点”就是教师自己不理解不清楚的内容；所谓“情点”就是能感动自己感动学生的地方；所谓“跨点”就是跨学科的知识整合；所谓“技点”就是独特的艺术表现；所谓“热点”就是要与现实生活现实情境结合，以及关注与教学内容相关的前沿的信息；所谓“趣点”就是挖掘课程中能激发学生兴趣的东西并能有“趣”实施。事实证明“备课六点论”能高效、创新地架构课程，是一套行之有效的办法，加之“教材对比备课法”将不同版本的教材进行对比、分析，精准提炼教学重难点，如此双管齐下，成功的备课就有了坚实的保障。我在多次“国培”活动中大力推广这种方法，无论是小学、初中、高中、大学，许多老师实践后反馈：“备课六点论”与“教材对比备课法”真的好用。这两套方法也为这些老师日常教学和参与教学竞赛提供了有效的帮助。

对于教学，我想只要教师思考的出发点是基于学生思维与行为的提升，是基于他们长远发展的必备能力与关键品格的形成，我们就会充分调动自己的智慧主动思考主动研究，寻找各种教学实验的可能性。比如在尹少淳教授在2011年出版的《尹少淳谈美术教育》中，特别强调美术能够提供“感性品质”的学科素养。这一点是我长久以来关注的问题，并在2012年发表“试论感受性资源在美术教学中的运用”一文，此文谈的就是我在多年的教学中，为培养学生的感性品质所做的实验与探索。

随着时间的推移与实践的累积，我也仍在不断地进行着梳理与总结。渐行渐思中，新的挑战又在眼前——我开始了在贵州师范大学和贵州师范学院的兼职执教生涯。在一次次的解读和重温中，我对教材教法、新课标的理解也更加深入，有了更多个性化的诠释与理解，对自己所从事并深爱的这份职业，也有了新的思考。而过去的30年，很多“难忘”的经历也植根于我心中：年长的王川琴老师常会提前到校，在课前坚持练习半小时书法；如春风化雨般不断鞭策、鼓励我前行的贵州省美术教研员兰岗老师，他听课评课时专注的神情、周全的思考、和煦的态度、凝练的评述，常常能给我以启迪。

陈丹青老师说过，每一种“见”都是一种偏见，而偏见多了，就成了“见识”与“见地 ”。人就是在形成偏见与打破偏见中螺旋上升。要突破自己的局限，不能困顿于所教所学，唯有广泛地吸收与借鉴、吐纳与融合，才能拓宽视野登高望远。教师“不只是一杯水而是一桶水”的时代早已过去，唯有变成溪流才可绵绵不绝，教育需要我们坚持做终生的学习者。

教学之路仍漫长，吾将上下而求索。

把中华优秀文化的种子根植于少年儿童的价值观中，是中华民族伟大复兴基础教育工程的重要内容，更是培育和践行社会主义核心价值观的重要组成部分。作为一名美术教研员，这是我们的责任、使命和担当。

——黄艳

黄艳，美术正高级教师，就职于安顺市教育科学研究所，副所长，中小学美术教研员，14年教学经历，2008年任教研员至今。贵州省骨干教师、黔灵名师，安顺市第六批市管专家，安顺市高中美术黄艳名师工作室主持人。主持完成贵州省规划课题2项，出版课题研究著作《非遗文化进校园——安顺地戏、蜡染和刺绣美术课程建设的探索与实践》，2021—2023年，主持并完成贵州教育改革发展研究重大课题《传承文化的地方课程建设》。曾获教育部全国第六届中小学生艺术展演活动中小学美育改革创新优秀案例一等奖，贵州省第六届中小学生艺术展演活动中小学美育改革创新优秀案例一等奖，贵州省第四届教育科学研究优秀成果奖评比三等奖，贵州省第五届教学成果奖二等奖。

做坚守在美术教育岗位的笃行者

◇安顺市教育科学研究所　黄　艳

人们常说，只有尝试过、努力过、坚持过，才能有收获。一分耕耘，一分收获，只有努力了，才能绽放出成功之花。一直以来，我时常用这些名言警句来激励自己，矢志不移地坚守在美术教育的岗位上。回望来时的路，自己有不少的体会与感慨。

一、对梦想的执着与坚守，是走向成功的基石

还记得1995年的春天，怀揣着画家梦想的我走上了三尺讲台，成为一名农村学校的美术教师。当时我最大的心愿，就是能够带领孩子们走进美术的世界，去感受和表现世界的美好、生活的美好。上班的第一天，我拿到了教学生涯的第一张课程表。本以为我的课表上只有美术课，然而出乎意料，课表上呈现出我需要更多地执教思想政治课。每周除了4节美术课其余全是思想政治课。思政课是一门很重要的学科，是当时中考的必考科目。由于担心自己不能胜任这门课程而辜负了

学生，加之不舍得放弃自己的美术专业，所以当时内心异常复杂。初入教师行业的我感到不知所措，但又不敢和领导交流自己的想法，一个人回到寝室悄悄流泪。辗转一夜，第二天早上，我还是鼓起勇气去教务处询问：我是否可以只上美术课，而得到的回复是：每个老师必须要有一科考试科目作为年终的考核，否则教完一学期也没有考核分，年终考核就不合格。教务处的老师还说，中学大家都忙备考，你这类副科课，就随便应付一下吧。副科的意思就是不重要的学科，是非中考科目，可有可无。一瞬间，我感觉自己在这个学校渺小无比。我原以为的用画笔和色彩，带领孩子们去表达世界之美和生活之美，不过是个梦罢了。当时我的内心充满了迷茫和后悔，觉得当初选择学美术、选择做教师就是错误的。

我是个外表看起来很温顺，内心却充满了小倔强的人。所以尽管有委屈与不甘，但对学校安排的工作还是认真地干着。通过2年时间，我用工作业绩证明自己的能力，从校领导认为的“娇小姐”转变为一名合格的人民教师，课余还能帮助学校完成一些行政事务工作，乃至校长在我调往另外的工作单位时，显出不舍之意。还记得那年，正好碰上全省中小学教师继续教育教学技能基本功竞赛活动。基本功内容中的普通话、简笔画和三笔字（钢笔、毛笔和粉笔），我占有一定优势，于是就代表学校多次参加竞赛，每次我都能拿到县、市级的奖项回来，为学校增添了荣誉。1997年，我参加了全省的中小学美术优质课评比。也许是由于当时美术学科的专业教师非常少，我也就作为全县唯一的专任美术教师直接进入市级复赛。至今还清晰记得，当时的教研室主任在赛前嘱咐我，“不要紧张，不要怯场，只要把40分钟的内容上完就可以了。”于是我按照主任的要求，很淡然地把一节课完成了。也许就是这样泰然自若的心态，或许是运气比较好，最终，我通过评比顺利进入了省级比赛。

2008年，我成为安顺市教科所第一位专职美术教研员，同时兼任了音乐、体育和综合实践的教研员。初任教研员，工作量很大，繁琐的行政事务占据了我的专业训练和艺术创作的很多时间。而我自信自己的绘画功底和艺术感觉是不错的，曾经参加过多次省级美术专业大展并获奖。如果一直坚持下去，应该能够圆了成为一名女性艺术家的梦想。由于对美术专业的训练和艺术创作难以割舍，当时我的心情是异常复杂的，甚至有些迷茫和后悔。但是，既然转型成为一名美术教研员，也要努力干好，干出成绩来，才不辜负组织的信任。于是，在教研工作中我慢慢调整心态，加强教研理论研修，终于能够潜心于美术教研工作。

作为一名合格的教研员，既要专业过硬，又要能够有理论和实践指导能力。潜下心来的我，逐渐沉浸在教研工作的天地中，找到了属于我的世界。我经常深入学校听课、开展教研活动，多次参与组织优质课评课、论文评选和课题评审等工作。通过举办讲座、撰写教研论文和进行课题研究等形式，对中青年教师进行指导，这些活动对青年教师的教育教学业务能力提升起到了良好的作用，在教研工作任务很繁重的状态下，我在美术专业和教育教研理论的学习上仍严格要求自己，积极参加各种专业培训，完成继续教育学习，撰写论文6篇发表于各种教育类期刊，一幅绘画作品发表于全国美术类核心期刊，绘画作品多次在贵州省美术专业大赛中获一、二、三等奖。

2020年，组织上通过考察，任命我为安顺市教育科学研究所副所长。任职以来，我兢兢业业，严格要求自己，力求圆满完成自己分管的各项工作。我结合岗位职责多次组织完成全市中小学（幼儿园）教学成果奖和教育科研优秀成果的评审工作，并完成多次省级专项成果申报推荐工作；为更好地培育优秀的教育教学成果，我组织开展教育科研专题培训，多次邀请省教科院和高校的专家学者到安顺进行专题培训。这些工作的展开，在一定程度上推进了安顺市中小学（幼儿园）教育科研氛围的形成，也使得安顺市的中小学（幼儿园）教育科研在历年的省级评审中取得较好的成绩。这些成绩的取得，让我感到，做教研员，在专业、思想和成就上的发展空间还是很大的，从在乎小我的得失到关注“大我”（即“我”对地方教育质量发展的所作所为）的发展，从拘泥于局部的教学到着眼于整体的教育理念形成，这种生命及职业的格局和视野的拓展，是我在做美术教研员和担任领导职务的经历中最大的收获。

二、名师的悉心指导，是走向成功的台阶

在我专业成长的路上，时任贵州省美术教研员的兰岗老师对我的影响是至关重要的。

1997年，刚进入教师队伍不久的我误打误撞地进入贵州省中小学美术优质课的省级比赛。还清晰地记得上课的那

天，由于紧张，我忘记了兰老师课前交代的上课时间，导致下课的铃声突然响起时竟不知所措，该有的环节也没完成，整节课上得有头无尾的。课后兰老师看着我一脸的挫败感，耐心细致地对我上的课进行了点评和指导。那个时候我才真正对课堂教学有了认识，对美术课程有了理解。我很庆幸这年遇见了我的“伯乐”，更是教师生涯的第一位导师——兰岗老师。再到后来，兰老师又多次鼓励我进入教研员队伍，由于当时安顺市一直没有专职的美术教研员，使得这个地方的美术教研工作常常处于被动、无序的状态。直到今天，兰老师一直在我的工作中给予我指导和鼓励。现在，兰老师既是我的导师，也是我的朋友。我想，一个人事业上的成功，与他自身信念的坚守和不懈的努力是分不开的，更离不开正确方法的指引。在我成长的过程中，虽然经历了许多磨砺，但也得到了老师、前辈和同仁们的支持、帮助和指导。

今天，我在教科研中取得了一定的成绩，除了我自身信念的坚守，还因为我比别人幸运，遇到了好的导师。在几个课题的研究中我还要感谢另一位重要的导师，也是我的领导——安顺市教育科学研究所的冉黔鸣所长，他不仅给予我的课题研究足够的支持，还教会了我教育科研的方法，并参与我们课题团队论证。记得我第一个省级课题立项时，正好是安顺市立项省级课题数量最多的一次，安顺市教科所就组织了一次全市的开题论证会，600人参加观摩，受邀指导的专家都说这是他们第一次参加这么大规模的开题论证会。有压力才会有动力，作为一名普通教研员，在这样大规模的论证会上做开题报告并接受专家提问，压力确实不小。那年女儿还小，为了不受影响，我经常整个周末都把自己关在卧室写报告。不知道写了多少版本的开题报告，每次都被冉所长退回来要求重新撰写。正是这样一次次的鼓励和鞭策，让我的潜能一下子被激发。自我担任美术教研员这么些年来，安顺市的学校美术教育和教研工作都有了许多可圈可点的成绩。比如优质课比赛成绩的提升、越来越多的学校参与了地方课程资源开发工作、教育科研课题研究的开展等。一些项目还在省内外、国内外产生了一定的影响，比如每年一届的中国—东盟教育交流周青少年艺术展演，安顺的项目是必须有的，每一届都会有很多学校积极参展。而我也在这些工作过程中提升了自己，实现了美术教研员的专业发展。

三、传承与创新结合，是走向成功的有效途径

在教育科研工作中，我特别注重传承与创新相结合，把中小学美术教育与地方特色文化有机整合起来。这一理念始终贯穿在由我主持的课题研究中，比如贵州省规划课题《美术教学示范作品研究——以地方民族民间艺术为例》，顺利结题后，研究成果（34件教学示范作品）汇编入兰岗老师主编的《山花烂漫——贵阳市、安顺市、六盘水市、黔东南苗族侗族自治州中小学美术教学范作集锦》。又比如西部教学改革支持计划培育项目《融入民族文化 构建地方特色课程——以蜡染艺术为例的实践研究》，该项目实验学校黄果树风景区民族中学在实证研究基础上，形成了《蜡染》校本教材并作为校本课程进行实施，其成果在第十一届中国—东盟教育交流周活动

之“中国—东盟少儿艺术教育成果展”中展出，获得广泛好评。之后经省教育厅选拔推荐参展“第四届中国教育创新成果公益博览会”（该教育博览会是国内外教育学者交流的重要窗口，具有很高的权威性、先导性和全球影响力。本届教育博览会共展出成果1401项，来自27个国家的97位国际嘉宾和300余位国内专家受邀出席，近2万人注册参会，近90万观众通过网络直播在线观看）。我们选送的成果展示引来了不少嘉宾和观众的参观和体验。该成果在全国的层面有了一定的影响力，为后期的课题研究提供了有利的条件。

我主持的第二个省级课题是贵州省2017年“省培计划”——中小学幼儿园教师“课题式研修”专项课题《基于核心素养的民族民间美术课程开发利用研究——以安顺民族民间美术为例》，在这个课题研究中，发表了多篇民族民间文化课程资源开发的论文，为后期的研究报告和成果出版奠定了扎实的基础。这个课题研究取得的成果颇丰，在“全国第六届中小学生艺术展演活动中小学美育改革创新优秀案例”评选中获得一等奖，并被收录于《全国中小学美育改革创新优秀案例集》中，同时该案例也获得贵州省第六届中小学生艺术展演活动中小学美育改革创新优秀案例一等奖。当年，该课题还获得贵州省第五届教学成果二等奖。在这段时间，我将目光聚焦于学校美育上，以怎样在校园传承安顺的非物质文化遗产为切入点，展开相关的探索。2021年，我申报的《传承文化的地方课程建设》课题再次获得贵州教育改革发展研究重大课题立项。这个课题的立项确实不容易，我带领团队进行了长达半年的资料收集整理。曾有无数夜晚我们在线上讨论，常常忘记了时间，结束时都已是凌晨。功夫不负有心人，经过初评、复评最终进入答辩，获得立项。

在课题研究实践中，我和课题组的老师们走村进户，与民间老艺人促膝长谈。我们深入课堂，开展实践活动。在课题研究的过程中，最难的还是成果在实践中的推广运用。有一次，我带领20名美术老师到紫云苗族布依族自治县中洞小学开展教学展示及研讨活动。当天，天气非常不好，贵州典型的绵绵阴雨和湿滑的乡道，使我们的车行进异常艰难。特别是紫云县城到中洞小学的道路都是蜿蜒的盘山小路，返程时突然下起了倾盆大雨，我们的能见度不到50米。这种情况下，我作为带队组长，坚持坐到副驾位置，我虽然害怕，但更多是担心，我想的就是必须要让20位老师安全回到家。好几个男老师都试图让我换到后面坐，但我依然坚持坐在前面，时刻提醒着驾驶员师傅。原本3小时的路程我们竟然花了近五个小时，到达安顺市区后，大家都齐声鼓掌感谢驾驶员师傅。在一次次地反复研究和实践中，在历经一次次失败的难过和成功的喜悦后，终于顺利完成课题研究的所有内容。这个课题，我和课题组的老师们都付出了太多的辛劳。后来大家聚在一起的时候，还不时谈起走村入户，寻找民间艺术资源的艰辛和快乐。

经过3年的研究实践，课题顺利结题，并出版了《非遗文化进校园——安顺地戏、蜡染和刺绣美术课程建设的探索与实践》一书。本书完整反映了课题研究的整个过程，课题研究的亮点在书中得到了充分体现：我们对安顺各地各类重点非物质文化遗产美术项目做了归类统整，而这个统整并非建立在文化学、艺术学意义之上，而是立足于教育本体，以美术教育的需要和要求为出发点去统整非物质文化遗产美术资源，突出教育本体意识，避免把一个教育课题做成单一的“非遗传承”研究重点和终结点。这是我基于教育本位理念所做的大胆尝试和实践，对安顺非物质文化遗产美术课程的建构与实践进行了趋于体系化、科学化、规范化的探索，使得我们的研究始终是以学校教育、学生发展为出发点和落脚点。研究的结果证明了这种选择和坚持是正确的，也是符合学校美术教育的要求和规律的。

还记得我在接受中国网记者采访时曾这样说，中华优秀传统文化可谓是博大精深，其中的思想观念、人文精神、道德规范、意志品质等，不仅体现了我们先辈的智慧和精神，更滋养着世世代代中国人的精神世界。把中华优秀文化的种子根植于少年儿童的正确价值观中，是中华民族伟大复兴基础教育工程的重要内容，更是培育和践行社会主义核心价值观的重要组成部分。作为一名美术教研员，这更是当仁不让的责任、使命和担当。

把教学中的问题变成课题研究，能让美术课堂教学更有灵魂和活力；把研究成果应用到教学中来，能让美术课堂更有深度和厚度。

——汪珊珊

汪珊珊，美术高级教师，贵州省教学名师、骨干教师；曾荣获“国家级教学成果奖”二等奖；“首届贵州省教学成果”一等奖；贵州省教育科学规划课题评审专家；全国中小学教师资格面试考官；遵义市第二期名师工作室主持人（获第二期遵义市优秀名师工作室）；遵义市首批“双减”工作指导专家。主持完成省级课题2项，区级、市级课题4项；曾担任教育部“西部教学改革支持计划”贵州省重点项目遴选和指导工作；多次获市级、省级美术优质课、论文一等奖；在各级刊物上发表了多篇论文。

在美的浸润中共同成长
——我的美术教育教学历程

◇ 遵义市播州区第一小学 汪珊珊

著名儿童教育家、情境教育创始人李吉林为小学教育奋斗了40年——构建中国式儿童情境学习范式。无数教育前辈择一事终一生，书写着师者本色。这种坚守初心的教育情怀深深地影响着我，在二十余年的小学美术教育实践生涯中，我始终怀揣理想，务实前行，力求行走在学科队伍的前列，以满腔的热忱和执着，在美育的一方天地，用心呵护每一个稚嫩的孩子，用爱润泽孩子的心灵。

一、在磨炼中不断成长

1997年8月，20岁的我放弃进入高中任教的机会，入职到遵义市遵义县第一小学（现遵义市播州区第一小学），成为学校的第一位专职美术教师。“为什么选择去当‘孩子王’？”每每听到这样的疑问，我总是笑着说：喜欢孩子的天真和纯净！这一份初心，我默默坚守了27年。

1997年9月，刚踏上讲台的我接到艰巨的教学任务——承担了三年级、四年级、五年级跨3个年级共14个班的美术教学任务，同时还承担美术兴趣班教学任务并兼任班主任。那时一个班的学生人数基本都是在70人至80人的大班额，走进教室，一大群“熊孩子”的打闹声、争吵声络绎不绝，让性格内向、不善言辞的我不知所措，即便是费尽九牛二虎之力，喊破嗓子也无济于事，为此我闹了很多笑话。开始那段时间，我整个人都是懵的。有一天，五年级（3）班的班长郭晓颖对我说：“汪老师您来上课时，应该首先站在教室门口，虎着脸严肃地站2分钟，目光严厉地巡视一遍教室，等他们都安静了您才开始走上讲台。”第一次管理课堂的方法，竟是学生教的，以至于后来“向孩童学习！”成了我的口头禅。就这样，青涩的我在领导的指导、同事的关心、孩子们的陪伴中逐渐上路。

为了在讲台上更有底气，也为了不辜负那一双双渴求知识的纯真的目光，我在一次次挫败中渐渐成长。一方面，我启动内驱力，向内扎根学习，不断更新课程理念，拓展知识面。那时候网络不发达，我便利用课余时间、周末、寒暑假辗转于各地各大书店，教育理论、心理学、课题研究、文学名著、人文哲学、美术专业理论等，甚至是跨学科书籍，一概收入囊中，从书中汲取营养，将理论知识与教学结合，一步步接近教育真相。面对一本本难啃的理论著作，我并没有急着囫囵吞枣地阅读，而是一遍遍反复咀嚼，慢慢消化，直到能理解、读懂并运用到实践中，并在实践中不断反思和总结经验。另一方面，我主动向外学习。向身边的前辈、名师学习。我尽量找机会赴各地参加教育教学研讨会、培训会，聆听专家报告、讲座，感受教育大家的教育智慧，学习特级教师、名师先进的教学风格和理念。

还记得刚踏上工作岗位的第一周，我便接到任务，要在一天内布置完成学校两个近三十米长橱窗的版面设计。接到任务，我没有半点犹豫，邀约了几个好朋友连夜加班制作完成，第二天便及时上墙，专业优质的版面设计得到了学校领导的肯定。

1997年10月，学校领导安排我这名在教研工作上毫无经验的教师担任教研组长的职务，但我没有因缺乏教研经验而退缩，而是义无反顾地承担下来。我经常主动地向身边有经验的各学科老教师、名师请教，参加语文、数学组的教研活动，学习他们的经验。我渐渐明白，要成为一个优秀的美术教师、一个受学生欢迎的教师，除了要有丰富扎实的专业知识技能外，还要有乐教爱生、甘于奉献的仁爱之心、高超的教育教学能力、良好的语言功底等。要走近学生，成为他们的大朋友，让学生爱上我的美术课，更需要了解学生，成为孩子们喜欢的老师。为了“吃透”教材、我一遍又一遍地查阅资料，没课时便主动走进各学科老师的课堂，一本本厚厚的听课笔记详细记录着执教老师的每一句话，每一种值得借鉴的教学方法，我就在这样的过程中慢慢地积累经验。

砺世磨钝，执着前行。为了磨炼自己，我从了解学情、解读教材、制定教学目标、设计教学任务、课堂驾驭、作业设计与处理、教学评价、制作教具等方面一点一点地磨炼，争取每天能前进一小步。我坚持手写备课，备课常常有两套方案，一套是教学结构流程，另一套是详案，包括每一句过渡语言，都预设好。前者可以让自己胸有成竹，自然发挥，跟随学生实际调整生成；后者让自己事先无数遍地演示，直到滚瓜烂熟，面对课堂不同层次的学生才能因材施教。

为了备好一堂课，我常常要花几天时间进行准备，周末足不出户认真研读教材，除了自己任教的三个年级，我把一年级至六年级的教材一一进行解读、批注，根据教材的衔接、学情实际进行备课。我的教科书和教案，每一页都写得密密麻麻，文字批注、范画、插图，成了教案里最亮丽的风景。我还坚持每上完一节美术课后及时教学反思，对上课时未能实现的目标、学生学习状况，学困生的参与度，美术作业完成情况等多方面进行反思，并撰写教学反思笔记。

经过多年对教材深度的研读和实践，我在课堂上逐渐有了自信，应对各种突发状况不再手足无措。由于自己许多能力较为欠缺，往往需要用比别人多很多倍的时间学习磨炼，我坚信只要经过千锤百炼，必能有进步。就这样，青涩的我在领导的引领、同事的关心和孩子的陪伴中逐渐上路，教学开始得心应手，面对教学、课堂中复杂的问题也能迎刃而解。

二、在实践中领悟美术教育的真谛

通过多年的教学实践，我具备了一定的教学技能，积累了一定的教学经验，也获得不少的奖项和同行的肯定。我在教学实践中的一个深切体会，就是课堂是教师成长的主阵地。优质课、示范课、研讨课、常规课教学实践是教师快速成长的

“助推器”，也是各种教育教学的困惑、问题、思考的“生发器”。我对中小学美术教育与学生生命成长的诸多思考，就是在实践过程中逐渐产生和形成的。

在教学改革转型期，更多的老师、家长关注的是学生对学科知识的学习，重视分数而忽略学生本身的生命成长。我在教学中发现，很多学生为了成为教师、家长心中的“好学生”“乖孩子”而失去了真实自我，变成别人心中的好孩子。这导致孩子在一定阶段会出现各种心理问题，给家庭、学校、学生本人造成了很大的困扰。基于此，我开始摸索解决问题的方法，除了坚持提升专业素养外，我还研究儿童心理学、教育学，站在孩子的立场，感知孩子真正的需求，关注弱势群体。

与传授知识相比，我更关注学生身心健康发展。我认为，美术课堂是育美的心灵、育健全的人格，是为学生审美素养奠基的。多年来我一直在常规美术课上寻找契机进行具有生命内涵的人文教育。但随着当前小升初、初升高的分流，家长、学校、学生都比任何时候要“卷”。六年级学生面对升学压力时，部分学生情绪波动大，一些孩子离家出走、自残的事情时有发生，这种现象让我心痛不已却又束手无策。所幸的是，我在这个时候正好遇到一位给我“拨云除雾”的导师——原贵州省美术教研员兰岗老师。

2019年5月，在遵义市老城小学召开的贵州省地方课程资源开发与运用培训会上，近距离聆听兰岗老师在《基于核心素养的美术课程资源开发——贵州民族文化教育价值分析》讲座中关于“生命教育与核心素养”的论述，让我有所顿悟。在培训的间隙与兰岗老师、王松老师进行关于“生命教育”的探讨，我的观点得到了老师的认同，有了方向上的引领。自此，我开始从仅关注美术基本技能和基础知识的传授，转变为更关注孩子完整生命的发展，更加坚定自己的教学主张和研究方向，同时也更加深刻地领悟到美术教育的价值和意义。美术课不仅仅是单一的知识与技能的传授，更是以美育的方式，唤醒、激发孩子的生命自觉和文化自信，使其保持对世界万物的好奇、热情、动力和敬畏，通过系统的美术教育活动培养和完善学生的生命感性，从审美的角度提升学生的生命质量，使学生的生命感性与理性得到和谐、全面的发展。2022年，我又获得兰岗老师馈赠的著作——《美术教育的生命之思》。书中提出了教育的根本意义在于呵护生命、唤醒生命和成就生命的主张，并深入阐述了基于生命需要、生命感性、生命自由、生命体验、生命个性的美术教育思想。老师的美术教育主张和思想，再一次为我的美术教育生涯指明了方向，使我的教育理念有了理论支撑。于是我便尝试在美术教学中践行生命教育，引导孩子们在美的课堂上让生命自然绽放。“让每一个学生都被看见”是我鲜明的教学主张。在我的课堂上，我从不放弃一个孩子，总是力求把“每一个时刻，每一个你都很重要”的教育理念践行到每一节课中、每一个孩子身上。我有这样一个愿景，这就是通过我的美术课，让学生保持对美术的持久兴趣与爱好。为了实现这个愿景，我始终如一地坚持这样做：

向孩子学习，感受童心，分享快乐。毕加索曾说：“在我很小的时候就能画得像拉斐尔一样，但我用了一辈子时间向孩子学习。”我向孩子学习，就是学习他们的纯真、率直、大度、快乐，这样可以让自己世俗、焦躁的心灵得以净化。

看见每一个孩子，让学生成为自己。一个班总是有不同层次、不同性格的孩子，每一个层次的孩子都不能忽视，每一个孩子都渴望被看见、被认同。一年级（5）班的麻海涛同学，每一次美术课堂都有学生告他的状，说他捣蛋，不想上美术课，经过观察和交谈，我发现了这个孩子不敢画的原因，他的心智发育只相当于四五岁的水平，每一次美术作业都是“惨不忍睹”，同学们都笑话他，后来他干脆和老师唱反调，希望以另类的方式被“看见”。经过多次交流和鼓励，关注他点滴进步，当着全班表扬他：老师特别喜欢这种稚朴的线条，我们成人想学都学不来呢！从此以后，他每一次完成作品后总是期待老师最先给他评价。到三年级时，他的作品已经有了自己独特的风格。让每个孩子美术课堂收获成功，让每个孩子在美术课上都能找到自信，这是我在美术课堂上始终坚持的目标，学生们也因此而爱上了美术课，爱上了我。多年以来，每一批学生，仿佛都有一个轮回，他们常常会在课间做一件事——像小尾巴似的追着我问：“汪老师，明天美术课上什么？带什么工具？”其实，每一次我都会交代下一课的内容和工具材料，孩子们其实就想和我亲近亲近。在很多时候，一届又一届可爱的孩子们总是会定时到办公室，连拉带推地“请”我去上美术课。

尊重学生个性，把课上到学生的心里去。世界上没有两片叶子是相同的，学生的经验千差万别，每个学生都是独一无二的自己，美术课上就应该呈现孩子们百花齐放的景象。所以，无论是花大量的时间备课，培养学生自学能力的“预学”，还是启发学生思维的问题情境“导学”；抑或层层深入、自主合作探究的“悟学”；促进学生成长的“评学和延学”，我始终着力于深研课堂，为孩子们创设宽松的学习情境。记忆中最深刻的是2006届三年级（3）班一位叫杨培宣的学生，只要一提起上他们班的课，任课老师们都头痛，犹如上战场一般。因为他上课常常上蹿下跳，稍不留神就“消失”，还爱和同学打闹。有一次上课时发现坐在“特殊位置”的他不见了踪影，最后发现他在教室外的阳台上匍匐在地认真地画画，我便因势利导，尊重他按照自己喜欢的方式学习，这样他就能专心致志地学习了。

引导孩子感受、思考，探寻儿童发展密码。2019年，我赴成都参加中国大陆、中国台湾、马来西亚两国三地美术课堂教学研讨，观摩5节“另类”的美术课后，就在思考怎样寻找到“幸福美术课”的密码。返校后，基于这一思考，我设计并改编了《我型我塑》《假如我有翅膀》等课例，像中国台湾的张释月老师那样，“通过美感教育，探寻自我的密码，透过移情的象征转化来进行儿童与自己的对话”，让孩子去享受美术课堂。在课堂上引领孩子从生命议题中发现自己、爱自己；在人与人、人与自己的议题中思辨，启发学生自我肯定、自我认同；激发审美感受力和进行艺术创造；引领孩子们在平等和谐的课堂里，释放心灵，探寻属于他们自己的独一无二的心灵密码。而这种思考与探寻，至今一直贯穿在我的美术教育教学实践中。

三、在教育科研中成长

保持专业成长的内驱力，做研究型教师始终是我的追求。而教育科研则是教师形成教育主张和完善教育思想的实践基地。

著名科学家钱伟长说，“教学没有科研做底蕴，就是一种没有观点的教育”。把教学中的问题变成课题研究，能让美术课堂教学更有灵魂和活力；把研究成果应用到教学中来，能让美术课堂更有深度和厚度。二十多年以前的遵义县第一小学（现播州区第一小学）处于遵义城乡结合特殊地段。由于地域、环境等因素的限制，学生绘画能力较弱、阅读面窄、书面表达困难。2004年，学校领导要求老师们根据教学中的实际问题提炼课题进行研究。担任美术教研组长的我是第一批迎接挑战的人。我发现一年级学生对美术兴趣极为浓厚，总喜欢在画画时自言自语，画到开心时甚至手舞足蹈，还喜欢缠着老师叽叽喳喳、碎碎叨叨地讲述自己画中的故事（低年级学生识字不多，喜欢用绘画表达自己的情绪）。且孩子们都喜欢准备一个速写本，常在上面自由作画。于是我就产生了将绘画与文字结合起来，运用绘画日记形式记录学生一天发生的事情的想法。这种想法得到学校的支持，我便以《儿童绘画与日记的结合》为题，开始了作为学校第一个校级课题的研究。2004年9月，我带领美术团队，在遵义师范学院专家建议下和学校业务副校长郑红梅的鼓励下，把课题改为《儿童绘画与日记结合对学生发展影响的研究》，并进行了长达15年的研究。该课题是指导儿童运用绘画配合文字，记录一天所发生或所经历的有意义和有趣的事情，表达儿童对事物的理解和自身的经历感受。儿童绘画日记能鲜活地的再现儿童的生活和情感，较真实地表达孩子纯真心灵和成长印迹，对提升学生的语言表达能力和思想情感表达能力有很大的促进作用。它是一种提高学生绘画造型能力，促进学生语言文字表达能力和培养学生创造能力的有效方式。

2010年，该课题成功立项为省级课题。2012年5月，该课题经过省教科院专家现场论证答辩顺利结题。专家们在结题论证意见中这样评价道："该课题探索了'儿童绘画日记'新型教学模式，是促进学生独特的个性养成、身心健康发展和非智力因素培养的有效途径，有利于培养语言文字表达能力、艺术实践能力。"从当前课程改革新理念的角度看，该研究不仅丰富了美术教学内容，还是较早实现学科融合的美育体系探索的创新举措。2013年至2014年，《培养儿童表达能力的有效方式——儿童绘画与日记的结合》荣获贵州省教学成果一等奖，并获国家级教学成果二等奖。

四、在垂范中与师生共同成长

教育旅途中的坚守最终迎来了荣誉。2018年，我被贵州省教育厅评为省级教学名师，同年，遵义市教育局任命我为"遵义市小学美术汪珊珊名师工作室"主持人。在主持工作室期间，我和我的团队——41位成员和学员，围绕"黔北乡土美术资源融入小学绘本创作与运用研究"课题式的研修模式，以培育学员终身学习能力为核心，以提升教学实践能力为主线，开发地方特色文化绘本课例。2018年9月起，工作室成员开始探寻黔北乡土文化——遵义地区本土民族文化、民居民俗、文物古迹、红色文化、特色小吃等与美术相关联的地域文化，从美术的角度对本地乡土文化进行资源筛选整合，融入小学美术绘本创作教学，指导小学生创作有本土文化味的绘本，引导学生创编属于“自己的书”，让孩子们了解遵义，爱上家乡，润泽心灵，提升美术文化素养，增进文化自信。

由于工作室成员来自播州区、汇川区及下属乡镇33所学校，共41位美术教师，教师专业技能、教育教学业务能力参差不齐。我针对遵义红色老区城镇美育工作现状和本地薄弱乡镇美术教师培养难的问题，创新工作室的运行管理机制，联合各地教研力量，协同培育，提出教学主张先行，打造红色老区美育品牌的理念。2020年，我申报的省级课题《扎根乡土文化资源的小学美术绘本创作与运用》通过立项。课题组通过课题式研修的形式，进行红色老区乡土文化绘本创作与运用，厚植特色课程内涵，促进小学美术教师专业成长有效途径的探索。

在教师培养上，我采取分层、以导师制带领小团队研修的方式，将工作室成员分3个团队，建立竞争机制定期进行考核。一方面将可塑性强、愿意主动发展学员的作为第一梯度培养对象，有计划地压担子，承担研讨课，并安排外出学习，根据不同学员的特点定位成长目标；另一方面把一些愿意进步，但能力稍弱的成员老师作为第二梯度培养对象，通过列书单，提升理论素养，自愿签约导师，有针对性地进行听课打磨；再有一方面是把尚在观望、需要推着走的部分老师充当观察员，带着任务观察课堂，当助教，为执教老师提建议和出点子，他们成为第三梯度培养对象。或者根据其特长，安排他们主持、策划、组织工作室活动，在观摩、写生或采风、实地调研时带着学员自主野炊等丰富多彩的活动，既增加彼此的感情，也在活动中提升部分学员的进取之心。工作室成员在这样的齿轮式、梯度式创新培养范式中得以快速成长。这种在课题研修中促进教师专业化发展的尝试，既解决了乡土美术文化促进城镇薄弱学校在小学美术课程资源建设方面的问题，又有效促进了小学美术教师群体素质整体性的优化。

工作室还以校本研修（遵义市播州区第一小学是贵州省校本研修示范校）为依托，通过开展主题式研训活动，汇集工作室成员论文、录像课、教学反思、教学案例集，建立丰富多元的资源库。近三年，开展“乡土文化资源融入小学美术绘本教学创作与运用”大型研修活动20次，做到“一次示范一次精品课例”。我作为工作室主持人，自然当率先垂范，所以也承担《基于视觉图式下黔北乡土文化校本课程开发与应用研究》《剪纸中的故事》《年年有余》《为同学画漫画》等示范课、讲座近二十次。

最后，我想说的是：心中藏着爱意和接纳，每一个时刻，每一个你都很重要。不让任何一个学生掉队，这是原则，更是一种责任；这不仅是一种担当，更是一种信念。把关注的目光投向每一名学生，让每一个孩子都能被看见。教育是一场最美的遇见，在这个有月亮、有阳光的教学浪漫生涯中，和学生一起相互成全、相互成就、彼此挖掘、相互照耀，共同成长与收获，彼此成长为最美的自己！我很庆幸与童心同行，每一次课堂里孩子们纯真的语言、稚拙的作品总能带给我深深的幸福感！在我的心里，拓展自己的生命宽度，能为学生的童年奠基，就是最幸福的事！

教育工作者，要与社会、时代的发展同步，就需要在教育教学实践中不断地学习、实践，再学习、再实践，在这一过程中提升自己，惠及学生，这样方能融入时代，不忘初心，不负教师使命。

——朱敏慧

朱敏慧，贵州省贵阳市南明区教师学习与资源中心美术教研员、教育硕士、美术高级教师。曾获贵州省优质课评比一等奖、全国优质课评比二等奖，贵阳市优秀教师、贵阳市首届创新型青年教师、贵阳市名教师、贵阳市骨干教师、贵州省骨干教师、贵阳市基础教育专家库成员、贵阳市基础教育美术教学指导专业委员会委员。

在学习与实践中成长

◇贵阳市第二十七中学　朱敏慧

这些天整理资料时，我无意间翻阅到2001年第一次参加新课标培训的笔记本，思绪霎时被牵回2001年7月的暑假——那天的我来到了贵阳市第二十七中报到，正式成为一名中学美术教师。作为新教师的我第一时间接受了贵阳市教育局举办的新课程标准学习的培训。现在回想起来，正是这样的幸运，让我从此与中学美术教育相伴相随22年。

2019年12月，在贵阳市“名师”评选中，我有幸获得了这项殊荣。这无疑是对我22年的教师生涯的肯定与褒奖。能获得这样的成绩，离不开各位专家、校领导及身边的老师的关心和帮助；离不开我的家人的包容与支持；也离不开这些年来自己的努力与付出。回想走过的这22年，无数难忘的时刻就像电影一幕一幕映入眼帘，我的眼眶不禁有些湿润。

如《师说》所言“师者，所以传道受业解惑也”。作为一名美术老师，我的目标是能够在传授知识的同时，关注学生的生命成长和培养学生的审美力。正所谓“教学相长”，为了成为更为优秀的美术老师，我也在不断地学习与迭代自己的知识。

一、“双基”时代的毕业生

2001年，刚进入教学岗位的我以极大的热情投入到美术教学中，总想让学生能在我的课堂上获得更多的美术知识技能。那时，各种新想法、新理念总能源源不断地出现在我的脑中，并通过与其他教师的合作将这些想法落实于教学实践中。同时也会随时根据学生、学校的需求进行调整。

入职以来的第一次教材培训，大概是刚入职的新教师的缘故，我没有过多被老的美术教学大纲和教育理念所束缚，很快地便接受了新课标的思想理念并力求将之付诸教学实践。现在想来，当年的自己多少有点“初生牛犊不怕虎”的感觉。

在摸索教学方法的道路上，我曾大胆地邀请贵阳市教科所的老师来学校对我上的课进行评价，以求获得更清晰、明确的前进方向。当时我那些看似有些冒进的做法受到了许多老师的非议——认为我年纪轻轻，才来学校没多久时间，就请市级教研员来学校听课，是不自量力之举。但那时的我深知“老马识途”的道理，就如现在的“老带新”培训和名师工作室，新教师需要有专家的引领才能更好、更快地成长。二十多年来，正是许多不吝赐教的老师们的鼓励与指导，推动着我不断前进。由于美术的专业性很强，过去美术教师能参加的美术教育专业培训机会并不多，因此在美术教育教学方面更加需要自己的钻研和领悟。于我而言，理论书籍的阅读是最好的“捷径”。经过专家的推荐，我开始订阅《中国美术教育》期刊。二十年来我坚持阅读这套“秘籍”，并通过期刊知道了尹少淳、胡知凡、钱初熹等美术教育大家及他们的美术教育思想。十多年来，我陆续阅读了许多他们所著的与美术教育相关的书籍。在理论上有了一定的积淀后，我开始将其付诸课堂教学的实践中。通过常规的课堂教学实践和参加各种级别的优质课评比，在备课、备赛、磨课、上课、反思中，发现自身的种种不足，分析其原因，同时也查阅资料和请教专家、同事，就这样一一突破自己教学中存在的各种问题，使得自己的教学能够越来越接近目标，接近新课程理念。

2011年，我第一次参加了贵阳市教育局举办的优质课评比，并幸运地进入省级比赛。从得知晋级的第一刻起，我便迫不及待地开始准备教案。但初出茅庐的我多少有些彷徨，便决定向刘健老师和杨静老师请教。两位教师对《美术课程标准（2011年版）》新内容的深入分析，使我深知认真阅读理解新课标的重要性，并将之与《美术课程标准（2001年版）》进行详细的比较分析。通过学习，我明白了学校美术教育并不局限于单纯传授美术基础知识和基本技能，而是侧重于培养审美力、创造力和跨学科学习能力。随着“三维目标”的提出，教师的教学观念也需要进行深层次的转变。作为美术教师，应该让学生在学习中能够得到最新教学理念指导下的教学方式的引导和学习成效，而 2011年美术课程标准为实现这一目标提供了极好的框架，我亦应该朝着这个目标去努力。

2012年，经过区级、市级、省级优质课的层层筛选后，我终于拿到了参加全国优质课比赛的入场券。为了准备参加比赛的视频课录像，我曾多次见过凌晨一点的月亮，早晨五六点的朝阳。那时我的女儿才初上小学，需要陪伴和照顾。待她入睡，我才能在床边开始学习与备课，往往到深夜才能休息。全国优质课评比需要将录课的光盘提交给比赛组委会，因为学校没有录播教室，录课只能由摄像师扛着很重很大的摄像机进行拍摄。作为录课小白的我，也只能在网上查找可以拍摄录像的公司，浏览了无数页面后，大多公司的报价都在1000元上下，这使工资有限的我有些不敢问津。这时，报价在600元的一家摄录公司吸引了我的注意力，我毫不犹豫地拨通了联系电话。一番沟通后，摄影师被我的诚意所打动，甚至答应为我多增加一个机位，进行两个机位的拍摄。成功录制后，一切似乎都在朝着希望的方向发展。可没想到的是，这位摄影师过去只拍摄过会议和婚礼的视频，没有任何录课的经历，因此后期的剪辑工作异常繁重。身处南明区的我与远在花溪区的摄影师在那个网络还不够发达的时代，无奈之下选择在电脑上进行沟通。我们对着视频时间一秒一秒地剪辑，没过几分钟，竟发现彼此电脑上的时间是不同步的！此时已是深夜，我强撑着通宵达旦地指导摄像师一帧帧剪辑，终于在第二天早上6点拿到了录像课光盘并当天就寄出。这个课最终在全国优质课比赛中获得了二等奖。

二、“三维目标”的十年

在入职的10年中，我认识到了自己知识储备的不足，因而特别注意加强自主学习，通过广泛的阅读拓展自己的知识面。后来，在一位好朋友鼓励下，我经历了为期3个月对教育学、心理学和英语的“魔鬼训练”，在2011年顺利考取了贵州师范大学的教育管理专业在职研究生，开启了3年研究生的学习生涯。进入贵州师范大学学习是我最难忘的一段时光。遗憾的是当时没有美术专业的在职研究生。虽然很多人认为读一个教育管理专业就是为了混个文凭，但对我而言，这3年的学习真是受益匪浅。3年中，我对于教育学、心理学、教育科研的理论学习都有了较大的进步，英语水平也有所提高，这对以后写论文、做课题研究打下了一定的基础。在这3年中，我被评为“贵阳市首届创新型青年教师”，并与很多学校的老师一同到上海参加培训，一起学习生活。在这期间，我成功与几位美术老师做了关于《新课程改革初中美术教学的若干问题及对策研究》的课题研究，这个研究也为我后续的教学提供了一些理论和实践的支撑。后来我又被评为“贵阳市骨干教师”，再一次得到了去上海向明中学跟岗学习的机会。跟岗期间，我体会到了贵阳教育与上海教育的差距，因此很希望将自己所学运用到自己的课堂教学中，为贵阳的美术教育贡献一份绵薄之力。现在回忆起来，非常感谢当时贵阳市教育局给了我这样的学习机会，才成就了现在的我。

在自己的学习过程中，我也得到了一些可以将自己的教育教学经验分享给其他美术教师的机会，我参加过送课下乡、参加过“国培”计划培训教师，担任过各市州的优质课评审专家，与更多的中学美术教师有了沟通交流的机会。在授课和听课的过程中，我从很多教师的课堂教学中汲取了养分。于我而言，这也是一种学习的方式。

2015年下发的《国务院办公厅关于全面加强和改进学校

美育工作的意见》，对学校美育工作提出了新的要求。其中一个内容就是要求将学生参与社区乡村文化艺术活动、学习优秀民族民间艺术、欣赏高雅文艺演出、参观美术展览等作为中小学生艺术素质测评内容，并以戏曲、书法、篆刻、剪纸等中华优秀传统文化艺术为重点，形成本地、本校的特色和传统。作为美术教师并兼任学校团委书记的我，在认真学习领会这个重要文件的内涵和意义的基础上，萌生了我们学校民族民间艺术校本课程建设和实施的计划。在贵州省美术教研员兰岗老师的指导下，我开始在学校开设民族传统工艺的课程，以扎染、蜡染、刺绣为主，然而我们的课程不仅仅是教会孩子们怎样制作扎染，还让孩子们认识中国天然的植物染料，了解染料背后的中国传统色彩，并利用扎染、蜡染布料进行文创品的再设计与制作，让孩子们了解中国优秀传统文化，传承中国优秀传统文化。在扎染、蜡染社团课中，社团学员在一揉一捏、一折一卷、一扎一结、一煮一染、一剪一缝的过程中，逐步了解扎染、蜡染工艺的表现形式、艺术特征，不断提高艺术修养和艺术表现才能。当一件亲手制作的扎染、蜡染作品呈现在眼前时，学生们不仅看到了扎染、蜡染艺术的魅力，还看到了中国传统工艺中所蕴含的独特智慧和民族精神。

2017年，我们学校有50幅学生作品参加了“多彩贵州·多彩的你——贵州省素质教育成果展”并分别获得一、二、三等奖及优秀奖近四十项；2018年7月，学校200位学生的扎染、蜡染作品参加了“第十一届中国—东盟教育周·少儿艺术成果展”，教育部国际合作与交流司副司长、贵州省副省长、贵州省教育厅厅长等各级领导先后到学校的展位参观，并给予贵阳市第二十七中学传统文化进校园活动高度好评和宝贵建议。从成立扎染、蜡染社团到扩大社团规模，扎染、蜡染艺术的传承已经成为二十七中传统文化进校园活动的重要组成部分，成为学校实施素质教育极富深远意义的一个学习项目。

一段时间后，我又引进了贵州丹寨石桥村的古法造纸课程。斩竹漂塘、煮徨足火、舂臼、荡料入帘、覆帘压纸、透火焙干，这种繁复的古法造纸术浓缩着中华民族对世界人类文明的一大贡献。时至今日，现代造纸技术使得古法造纸渐渐趋于少见，却也让一张手作之纸显得弥足珍贵。我为了让学生能感受古法造纸的神奇，走进贵州丹寨县的“中国国纸之乡”——南皋乡石桥村，将古法造纸师傅请到学校，向同学们教授有着两千多年历史的造纸工艺，并成立了一个覆盖全校师生的鲜花造纸社团，让古法造纸这枚珍贵的“活化石”在校园里散发出智慧之美与质朴之美的光芒。鲜花造纸社团就如一个弥漫着自然气息的工坊。古法造纸师傅、社团老师带着学生们采撷春草夏花，按照自己的想法将花草摆放成各式各样的图案，再舀出古法制浆工艺制造的纸浆在花草上覆盖薄薄一层，将花草封存在纸张之中，一张张独一无二的花草纸透出美丽细纹和纯天然的压花，如同生长其中，永不凋零，自然的气息呼之欲出，令化身造纸达人的师生们欣喜无比。2018年7月，二十七中同学们的古法鲜花造纸作品参加了“第十一届中国—东盟教育周·少儿艺术成果展”，中国—东盟教育交流周组委会还将学校师生制作的鲜花造纸作品永久收藏于东盟国际会议中心收藏馆。

为继续推动中华优秀传统文化在贵阳市第二十七中学的

传播和普及，不断提高学生艺术修养和文化素质，让更多的学生了解并热爱京剧，在学校领导的大力支持下，我组建了京剧社团，并聘请京剧团的4位专业教师开设了青花旦、老旦、老生、花脸4个行当的专业课，对社团学生进行辅导。在课堂中，专业老师带领学生们学唱多个京剧传统、现代剧目的经典唱段，练习京剧身段动作及剧目表演。

如今，贵阳市第二十七中学的京剧表演已经在贵阳市、贵州省，乃至全国都小有名气。2017年—2021年，我们的京剧表演连续获得贵阳市"戏曲进校园"展演一等奖，贵州省中小学艺术展演一等奖，全国第七届中小学艺术展演一等奖。美育工作在我校得以深入开展，优秀传统文化教育得以持续推广，学校教育的整体实力和竞争力得以全面增强，我校因此在2019年被教育部评为"第三批全国传统文化传承学校"。没想到自己的想法居然与《义务教育艺术课程标准（2022年版）》有了默契，戏曲艺术也成为我们的艺术"小三科"之一，我们的戏曲教学走在了新课标的前面。

三、核心素养的引领

2019年，我被评为贵阳市名教师并组建了名师工作室。工作室里，来自全贵阳市各区县市的美术教师们一同学习和交流，围绕着怎样在课程教学中落实核心素养方面展开学习与研究。本着名师工作室引领示范的原则，我与工作室的老师一同阅读专业书籍和研究教学，进一步提升理论水平，反思和调整自己的课堂教学，进一步强化提升专业潜能和教育教学水平；通过举办形式多样的研修活动，促使老师们能够在教学路上有更快、更远的发展！

经过3年的工作室研修，学员们在教育理论基础、教学实践能力和教育反思能力等方面都有了很大的提升。在工作室浓厚的学习氛围中，在专家的引领和同伴的感染下，学员们的教学观、学习观也发生了很大的变化。我始终坚信，只有坚持理论学习，不断提升自己的教育理论素养，然后在教学实践中加以综合运用，这样的教学才会具有明确的方向和目标，才会使教学具有深度和高度。3年来我阅读了《尹少淳谈美术教育》《美术教育的生命之思》《美术教学指南》《追求理解的教学设计》《中小学美术教学论》等相关书籍与文献；通过网络平台，我报名学习"基于核心素养美术大单元教学设计"高研班的课程，还参加美术教育核心课程高级研修班组织的"NAEA视觉艺术教育大会"深度解读课程的学习；聆听省内外美术教育专家和优秀美术教师的专题讲座。随着学习与实践的深入，我的思想也渐渐地发生变化，我开始思考——思考美术教育的价值与意义，思考如何用生命去构筑孩子们的课堂，思考怎样才能让孩子们通过美术课堂得到综合、全面的发展。带着这些思考，我与我工作室的学员一直在不断地学习、实践和探索，并且尽可能地带动和影响更多的老师，引导他们加入课程改革、美术教育发展的大潮中来。近几年来，我联合贵阳市教科所和贵州省美术馆举办5场活动；先后与学员给学生、各市州美术教师和贵阳市美术教师进行了11场国培讲座，精准帮扶了2所学校、送课400多节，上了4节省市级示范课；编辑了34期简报；4位老师的美术大单元教学案例入选南京师范大学出版的《核心素养导向的大单元案例集》；申报的《中学美术大单元教学设计创新与教学内涵建设的实践研究》课题获得贵阳市2021年教育科研规划立项；作为主持人的我获得2项教育部奖项，4位学员获得了区、市级骨干教师称号，2位学员获得了区级教坛新秀称号，学员共获得省市级奖项40多项，发表美术教育教学论文10篇。

3年名师工作室的经历，正值《义务教育艺术课程标准（2022年版）》的颁布，我20年的教师生涯，也经历了由“双基”到“三维目标”再到“核心素养”的一次次基础教育课程改革。我和我的学员们也在这种改革中改变了自己。这让我充分认识到，社会的变革与发展，必然导致教育的变革与发展。从某种意义上讲，社会的变革与发展首先是教育的变革与发展。所以说，教育的变革与发展是持续的、永恒的。作为教育工作者，要与社会和时代的发展同步，这需要在教育教学实践中不断学习、实践，再学习、再实践，在这一过程中提升自己，惠及学生，这样方能融入时代，不忘初心，不负教师使命。

只有潜移默化的“无痕教育”才能打开学生的心扉；只有广泛地涉猎知识，才能拓宽他们的视野。最终让他们快乐健康成长，从而感受美、发现美、珍惜美、创造美。

——赵瑾

赵瑾，贵州省盘州市人，毕业于四川美术学院中国画系，盘州市第八中学美术正高级教师，贵州省教学名师，贵州省骨干教师，现为中国美术家协会会员，贵州省美术家协会理事、贵州省青年十佳画家，贵州省女画家协会理事、六盘水市美术家协会副主席、盘州市美术家协会主席。作品在全国、省、市美术专业比赛中多次获奖与展出。2017年出版个人画集《赵瑾花鸟画写生集》，2018年作品2次入展全国美术作品大赛，2021年作品在中国国家画院展出，2022年作品3次入选全国美术作品大赛，2023年作品在中国美术馆展出。多幅作品被相关机构和个人收藏。

守美育初心　担育人使命

◇盘州市第八中学　赵　瑾

我成长在一个教师家庭。父母皆为教师，他们时常教导我要踏实做人，遵纪守法，认真学习，热爱生活。后来，我考上师范学校，准备做一名教师。父亲告诉我："要做一名好教师，就得做人在前，育人在后，不图名利，不计得失。"从那时起，我便在心底默默加油，希望成为一名优秀教师。因为学的是美术专业，我还很喜欢"教书匠"这个称谓。它虽不够典雅，却足够冷峻。因为我们必须以工匠精神去描画一幅幅蓝图，去雕凿一颗颗赤子之心，去铸就一道道坚不可摧的民族长城。

一、以梦为马，不负韶华

为兴趣和梦想而学习探索，努力拼搏，我18岁就走上了讲台。当时既兴奋又紧张，我想交给学生所有的知识，想吸引学生全部的注意力。可是学生的表现和反应，让我倍感茫然而不知所措。在课堂上，学生一双双疲惫无神的眼睛、一阵阵时高时低的哈欠声，让我产生了严重的挫败感和无助感。那一刻，曾经的梦想，现实的状况，似乎被委屈与矛盾敲打得支离破碎。彷徨之时，父亲把《陶行知文集》递给我，这本书成了我的伙伴，一行行文字让我反思，教我实践，让我明白了自己的青涩与急躁。每次研读《陶行知文集》，都会让我有不同的感悟。文字里闪光的教育思想、陶行知先生提出的真知灼见常常让我茅塞顿开。教学活动中要抓住教学对象所处年龄段最关心的事物，让他们在潜移默化的过程中感受和体验，激发他们的学习兴趣。美术教师不只是教学生画画做手工，不只是把美术知识技能传授给学生，美术教育也不是一定得作画写字练书法，先得让学生感受美好，在这个基础上让学生去追求美好和让自己变得美好。而要想学生好学，必须老师好学。唯有学而不厌的先生才能教出学而不厌的学生。

参加工作后，我阅读了大量美术史论、绘画技法、文学名作、教育理论等方面的书籍；还加强绘画的练习和创作，参加各类比赛，到不同的学校听课，全身心地投入到提升自身美术教学能力的学习中。同时也把对生活、审美的感悟一步步地融入我的教学中，让“美”慢慢地流淌进学生的体验里、情感里、认知里……渐渐地，我的教学有了进步，学生终于开始喜欢我的美术课，我们共同开启了对“美”的探索。

还记得那时候的教学条件很简陋，学校终于建了一间电教室。我预约了许久才排了一周的课，接下来的动画漫画课教学中，我把学生带到电教室给学生们放了不同动画片片段，有1941年摄制的动画长片《铁扇公主》；中华人民共和国成立后1956年摄制的木偶片《神笔》（获威尼斯第八届国际儿童影片节儿童娱乐片一等奖），以及1958年万古蟾导演的中国第一部剪纸片《猪八戒吃西瓜》；1960 年全世界惊叹的“水墨动画片”《小蝌蚪找妈妈》和《牧笛》，还有《大闹天宫》《孔雀东南飞》《金色的海螺》《萝卜回来了》等动画片。记忆犹新的是我们重点赏析了《哪吒闹海》，整部电影从哪吒出世到大闹龙宫的故事情节，出色的特技摄影使画面光彩夺目。影片突出了哪吒爱憎分明、不畏神权，敢于和龙王较量的勇敢、刚毅的性格。评论家称它“色彩鲜艳，风格雅致，想象丰富”。观影结束后开始现场讨论、写一段短评，或画下一个场景。教学的气氛相当的活跃。学生写道“我喜欢《哪吒闹海》这部电影，因为故事情节层层递进、扣人心弦。影片景色神奇，画面十分美丽”；也有学生写道“我喜欢哪吒的性格，不畏强权，敢于斗争，打架就没怕过……”等。学生的评论质朴而真实。最后我总结并告诉学生：中国美术影片的一个显著特点，就是有浓厚鲜明的民族特色。它汲取了中国古代绘画、敦煌壁画、永乐宫壁画，以及丰富多彩的民间艺术，如皮影戏、剪纸、窗花的特色，将其熔于一炉，加以创造。因此，中国的美术影片不仅内容为中国独有，形式也是中国独有的。中国是一个历史悠久的文明古国，灿烂的传统艺术将为美术影片的发展提供无限宽广的前景。而这种美好的未来需要同学们去开创。

我的课堂一般都围绕着学生感兴趣的事物、情境去准备。如带学生观春天的樱花（观察花瓣的特性，用线条记录生活中的美），看运动场上打球的同学（画速写记录运动状态），给自己绘制一张小小的贺卡等，让学生在美术课堂上乐于学习，感受美术课独特的魅力。我还在教学活动中将民族文化特色、中华民族勇敢刚毅的性格对学生的熏陶结合起来，力求让学生通过美术学习，加深对祖国传统文化的认知和理解，养成文化自信。

在我的教育生涯里，陶行知先生的教育思想对我影响至深。先生倡导“生活即教育”“社会即学校”。他强调生活的教育是供给人生需要的教育，而不是作假的教育，人生需要什么，我们就教什么；他认为“社会即学校”就应该把学校的一切延伸到自然里、社会里，将师生从传统的“鸟笼子”似的学校里解放出来，这样的学校才是真正的学校，这样的教育才是真正的教育。先生曾这样说道：“想自立，想进步，就须胆量放大，将试验精神，向那未发明的新理贯射过去；不怕辛苦，不怕疲倦，不怕障碍，不怕失败，一心要把那教育的奥妙新理，一个个的发现出来；道德是做人的根本。“根本”一坏，纵然你有一些学问和本领，也无甚用处，并且，没有道德的人，学问和本领愈大，为非作恶愈大……”从先生的话语中，我读出了作为一名美术教师应有的职责与担当：不仅要画中风骨凌厉，更要做人清白自廉；不仅要教学生画画，更要引导学生通过生活与艺术辨识世间的美丑。好的先生不是教书，不是教学生，乃是不负韶华，倾囊所学，教学生学会学习，教学生学会做人，向学生传递追求美好事物的修身之道。

二、春华秋实，硕果累累

著名德国教育家第斯多惠曾说，“教育的目的不是单纯地传授知识，而是唤醒、引领和鼓舞。”潜心教育，敢于创新，乐于付出，甘于吃苦，必将终有所获，体验成功。我一直把自己的教学工作和艺术创作视为一种热爱和追求，坚持不懈，创新实践。我相信，只要不断地耕耘播种，定能百花争艳，结成累累硕果。

还记得我和学生一起挑战一种新课型，其挑战性在于课题要现场临时抽取。课题抽到手的时候，我傻了眼——“中国印文化”。我对中国印章了解肤浅，大学时只上了两周的课程，自己平时也偶尔雕刻几枚，但谈不上精通。这课怎么上？我带着疑惑和心虚在讲台开始上课，顺手将题目抄在黑板上，然后将印的起源、演变、分类等知识简单介绍了一下，然后学生自由讨论、自由发言。由于课前准备不足，这次课程在学生狐疑和嘀咕声中草草结束。为了给学生一个交代，我下定决心，必须放下所谓的“面子”“尊严”，广泛收集和利用有关篆刻文化的资源，向喜欢篆刻的老师请教，并查找关于印章的资料。学生也分组搜集相关资料并选派代表制作PPT。

第二周的课上，学生在讲台上开讲，他们的见解不仅丰富，而且有图有真相。一组同学介绍传国玉玺，展示图片，并大声介绍：传国玉玺为中国历代皇帝相传之印玺，乃奉秦始皇之命所镌刻，被视为王朝正统的象征。传国玉玺由李斯用篆文雕刻，正面刻有“受命于天 既寿永昌”八字，环刻“双龙戏珠”图案，最下面有三道尖波浪线（代表大海），双边（内边线较细、外边线较粗）。传国玉玺整个图案的寓意是：日照大海现双龙。玉玺，是中国历代正统皇帝的信物……（发言学生在热烈的掌声中回到座位）。另一组同学展示了极少见到的印稿：独孤信之印。此印采用煤精（煤的一种，质地致密坚硬）制成，呈8棱26面球体，其中，正方形印面18个，三角形印面8个。有14个正方形印面镌刻印文，内容不同，各有其用途，如“臣信上疏”“大司马印”“大都督印”“刺史之印”“独孤信白书”“令”“密”等。该印文以楷书阴刻，书法遒劲挺拔，有浓厚的魏书意趣，是我国迄今为止印面最多、正文字数最多的印章。也有一些组的学生介绍较为简单，如一方名章等。整个课堂既有展示，也有记录，学生代表在讲台发表了自己独到的见解。随着课堂的深入，学生的能力全面地展现出来，他们的形象也渐渐在我的脑海中充盈起来，我不禁为之前对他们的片面认识感到汗颜。此后的课程我和我的学生经常在美术课中共同探索，给他们学习的主动权，给他们展示的空间，对他们探究的成果给予肯定，对他们的讲解给予鼓励。由于这种课型让学生获得了更充分的学习空间，能更全面地在课堂上分享自己探索的成果，因此学生对美术课的兴趣越来越高。

我在长期的初中美术教育教学实践中，形成了自己的教学理念——“体验快乐、激发潜能、发展个性”。在多年的教学实践中，我始终坚持让审美育人理念与美术教学实践相辅相成。这样的教学实践取得了较好的成效，得到了社会、学生、学校的好评和教育行政部门的肯定。

有一个学生在贴吧中写道：“我心中的赵瑾老师是什么

样的呢？赵老师时刻对美术教学保持热爱、教学内容丰富。教学上对我们张弛有度，在不缺乏知识性的同时，又不缺乏幽默性。她不仅让我们学知识，更让我们去画去做，这增加了我们的实践性。当我们画完后又会对我们的作品进行分析和讲解，以至于我们能每天进步一点。”另一个同学跟帖：“如果用一个词来形容我们与赵老师的关系，可以说是亦师亦友。在教学方面，赵老师以春风化雨、润物细无声的教学风格，带我们跳出抽象知识的局限，将美感的培养融入我们的生活日常。课堂之外，赵老师也常常与我们交流在生活中体悟到的所思所感，真正地做到走进学生、关心学生、引导学生。在我的心中，赵老师是一位思想上有定力、人格上有魅力、学术上有功力、教学上有活力、实践上有能力的优秀教师。”同学们的评价，既使我感到欣慰，更让我意识到作为师者身上担子的分量。

2010年我完成了校本教材《美丽家园》的编写并在教学中使用。之后《美丽家园》在第二课堂中投入使用，在提升学生美术兴趣，凸显教学效果方面，获得广大师生的强烈认同。教材后来在六盘水市校本教材评比中荣获一等奖。在校本教材的编撰过程中，作为学校校本教材编写的“拓荒者”，没有可参照物的范本，没有足够的人力物力支撑，本人也没有这方面的经验，编写工作的难度可想而知。一遍遍征求意见、一次次修改文本、一个个不眠之夜，当教材最终编撰成册，正式使用并获得认可时，我感到无比欣慰：付出的这一切都是值得的！我总在想，当梦想与兴趣契合，理想与现实一致，学生和教师同心，汗水与成果相应，成功与成就自然同步，快乐与自豪必然填满内心。

三、 踔厉奋发，笃行不怠

古语云“大象无形，大音希声”。作为一名教育工作者，我说“大教无痕’，正如杜甫所写的“随风潜入夜，润物细无声”。只有潜移默化的“无痕教育”，才能打开学生的心扉；只有广泛地涉猎知识，才能拓宽他们的视野。最终让他们快乐健康成长，从而感受美、发现美、珍惜美、创造美。另外，无论是多么丰富的经验，如果不能将它们通过思维的整理抽象出来，形成清晰的理论，那这种经验就只能停留在碎片化、表面化的层面。所以在我的教学中，首先是我力求提高自己对事物的审美感知和逻辑思维能力，同时也要求并引导学生在这方面有所发展。比如在学习摄影的教学过程中，有学生提出：“摄影中如何构图？怎样进行摄影欣赏？”我告诉学生，自然是查阅资料与课堂讨论相结合。同学们查阅到奥地利摄影家伊涅斯特·哈斯对于构图的解读，他认为：“构图在于平衡，每个人对平衡的处理都各有不同。”关于相机在构图中的位置，他认为：“你越能忘记你的器材，越能集中你的题材和构图，那么相机只是你眼睛的延续，再没有其他意义。”之后，学生们围绕摄影的构图、主题等问题展开欣赏与讨论，最后我做了归纳：“在大多数情况下，每幅照片中都有一个或一组形状或形式起主导作用，而照片中的色彩、体积、位置和其他形状等，都是为主导因素服务的。 构图中的对比，是指大与小、明与暗、近与远、主动与被动、平滑与粗糙、色彩的浓艳与轻淡等的对比。通过课堂上的这种探究和讨论，学生在摄影构图方面的认知、思维都有明显的提升。我也在课后完善教案，把课堂的体会形成案例，写了《在初中美术课堂加载摄影知识的构想》《浅谈摄影课程在初中美术课中的教育作用》两篇论文。

从教以来，我既注重对中小学美术教育理论与实践的研究，也注重自身美术专业的发展，先后发表《美术课教学是培养学生创新能力的基础平台》《在初中美术课堂加载摄影知识的构想》《初中美术课有效教学的实践与研究》《浅议欧美古典油画名作欣赏中的独特细节》《美在我们身边》《浅谈摄影课程在初中美术课中的教育作用》等论文。我的绘画作品也多次入选全国美术类比赛，其中作品《月下鸣唱樱满枝》在中国美术馆展出；作品《待看满山红遍》获省级一等奖，作品《看花上京华》发表在中国美术报，《蝶舞风清花亦然》《菊韵》《旧时光》等绘画作品发表在贵州日报。2017还年出版了个人画册《赵瑾花鸟画写生对集》。自身的不懈努力，换来的是学生、同事、领导对我的认同和鼓励。我先后被评为县级名师、市级名师、省级名师等，2018年晋升为正高级美术教师。这些荣誉的获得离不开我们当地教育系统的支持。一花独秀不是春，群芳斗艳春满园。我作为一名盘州市美术教育的“领航员”，更重要的任务是培养更多的“船长”、训练更多的“水手”，让盘州美术教育这艘“船”能行稳致远。为此，我总是积极认真地参与校际各种交流活动，与同行切磋技艺、交流教育教学经验；我还多次在全省教育行政主管部门的倡导下进行送教下乡，先后到盘州市乡镇中学讲授公开课、示范课、教学讲座等17次。这些都在一定程度上对盘州市中小学美术教育的发展起到了一定的推动作用。

28年的从教经历已成过往。回首往昔，我发现在给学生解惑的过程也是自己成长的过程，在与学生共同学习的道路上，我感到我的学生越发地个性鲜明起来，也越发可爱起来。学生们说：老师，您变了。我知道，这种变化是在教学相长的过程中和教学实践中生成的。28年的美术教学，从某些角度改变了学生，更改变了我。我明白，教育教学不只需要一种情怀，更需要坚守初心使命，敢于担当责任。未来之路，任重道远，我将继续踔厉奋发，笃行不怠，砥砺前行。

在平凡岗位，扬黄牛精神，埋头探索，踏踏实实做好工作！

——邹佳

邹佳，布依族，贵州省黔西南州兴仁市第一中学美术教师，美术高级教师。黔西南州骨干教师、黔西南州名师，黔西南州初、高中命题教师专家库成员，黔西南州高中美术名师工作室主持人，兴仁市第一届高中美术学科兼职教研员，兴仁市“学科教学名师”、兴仁市骨干教师。

四季耕耘　向美而行

◇黔西南州兴仁市第一中学　邹　佳

我从事美术教学工作迄今已有二十余年，对我而言，无论是选择了美术专业学习，成长为一名美术教师的经历，还是潜心从教二十余年的教学过程，都是源于对这个专业、这份职业的热爱，源于对美术教育这片沃土执着的耕耘。我坚信，面对未来和继续前行的未知，只要保持这份热爱，坚持不懈“耕耘”，就会是一场向美而行的旅程。

一、热爱源于兴趣

我的美术之路源于从小对美术的兴趣爱好，直到就读高中都保持着这份热爱，还因此结交了几个志同道合的画友。画友家屋顶的木质阁楼，是我们自学画画的基地。一直到现在，我都非常怀念高中时期与画友们在阁楼里画画的那段充实而快乐的时光：大家把各自节约下来的早餐费凑在一起，请拾荒老人作为我们写生的对象。为了有更多的免费模特，我们把各自身边的好友和同学都请了个遍；实在请不到模特时，我们就相互画对方，或对着镜子、照片画自己的自画像。在那个网络还不普及的年代，遇到有不会处理的绘画技巧，我们就从购买的仅有的几本绘画类书籍中探讨答案，偶尔还会尝试画些水粉静物和油画风景，学习、探讨美术大师们的精髓。画到废寝忘食时，在阁楼一待就是一天。甚至下晚自习回到家，关上自己的房间门，提笔继续完成白天没有画完的作品，直到家人反复催促才停笔休息。有时画得兴致正浓，为瞒过家人的催促，我用揉成长条状的卫生纸塞在房间门缝里挡住光源，接着沉浸式地完成我的绘画……好在家人比较开明，他们理解我对美术的这种热爱与追求，支持和鼓励我到贵阳参加贵州省师范类院校的美术专业术科考试，最后我顺利进入大学学习美术学专业。

二、幸福教师的自我“耕耘”

我认为人生中最有意义的时光，就是在几十年的工作中实现自己的价值，成就自己最真实的内心。而要实现这个价值，首先就要真正做到干一行、爱一行，干好一行。教师行业中有张桂梅、张玉滚、支月英、张丽莉、刘秀祥、叶海辉等许多楷模，他们在这方面的事迹和精神让我深受感动、心生敬仰，也坚定了我要做一名好老师的信念。我把脚下的三尺讲台当成耕地，把学生当作种子，想要丰收没有捷径，要当好这名“耕耘者”，首先要自我“耕耘”。这种“耕耘”的内涵是极为丰富的，它包含了教师的心态、信念、专业素养及综合能力等方面。我结合自身的教师专业发展经历，就美术教师的自我

“耕耘”，总结出六点经验：一是要保持终身学习和主动学习的心态，力争做一个学习型、探索型教师；二是要培养自身善于反思的习惯，对工作中的优缺点有客观全面的认识；三是要善于探究教学，深究课程内容，结合教育目标，反复锤炼课堂，形成自己的风格；四是要锻炼身心，有个健康的身体作为保障，还要有强大的心理及较强的抗压能力；五是要在美术专业上，选一项自己喜欢的项目坚持练习和创作；六是要能够平淡看待工作、生活中的世俗功利，沉浸于三尺讲台，潜心于课堂耕耘。

在二十多年的从教生涯里，我的成长并非一帆风顺，我也不可避免地遭遇过职业“瓶颈期”。面对这种境况，我的处理方式是首先调整情绪和心态，让自己的精神放松下来。同时广泛阅读，从各种知识、思想和艺术形式中吸取精华，滋养、充实自己的心灵。接下来我会对现状、出现的问题进行梳理，找出“瓶颈”，针对困境，按照“需要解决什么问题”“预期是什么”“具体需要做什么”的步骤，尝试做出多种方式的改变或突破来解决问题。有时即便是改变或突破“瓶颈”需要的时间会长一点，也不要轻易抱怨和放弃，相信只要坚持做下去，就会走出一片坦途。

我在评上高级职称后，拒绝躺平，仍然在我的教学工作上孜孜以求。我通过竞聘当选为市级美术“兼职教研员”，为了不断提升自己的专业能力和更好地服务于本市的美术教研工作，我加入黔西南州高中美术名师工作室学习，参加教学教研、网络培训和各类听评课活动，参加学校老带青的传帮带“青蓝计划”，参加“校校结对”下乡活动等，还组织并参与学生剪纸社团和学生课外实践活动的辅导工作，辅导学生参加书画比赛、青少年科技创新大赛等。广泛地参与这些活动与工作，既拓展了自身的知识领域，也提高了能力，更重要的是，我以自身行为带动了一批老师，帮助学生获得了更多样的发展。有同事和朋友问我：作为美术这门非高考科目教师，你高级职称都已经评上了，为什么还要如此卖力地工作？你是工作狂，还是显摆你能干？或者是想要评“正高”？面对这些疑问，我回之一笑，我很清楚自己的本心：评职称不是教师职业生涯的最终目的，只是努力工作的一个成果呈现。我知道自己还有很多不足，需要在探究和实践中学习提升。就算是评上“正高”职称，也不是职业生涯应该“躺平”的理由。更何况，身边还有那么多优秀的人都还在努力，他们崇高的职业精神时刻激励着我。我拒绝“躺平”，我愿意做好，也愿意多做自己认为有意义的事，因为我喜欢我的工作和专业！

三、我在教学中的“耕耘”点滴

（一）剪纸社团辅导工作

学生的普通社团主要是为了丰富学生的课余生活，满足学生的兴趣爱好，也是学校工作组成的一部分；而精品社团则是为了满足有深入学习需求、敢于挑战、积极创新的学生。但是当学校没有条件同时打造这两类学生社团，学生又有迫切需求时，应该怎么处理？作为社团辅导教师，大多会选择只开设其中一种类型，等有条件后再开设另一类。

我和另一名同时担任剪纸社团辅导员的同事就遇到这样

的问题：高一、高二两个年级不同剪纸基础的同学都希望通过剪纸社团的学习能创作出自己的剪纸作品，经初步筛选后共有基础不同的八十余人加入剪纸社团。而社团活动每周进行一次，并且学校只提供了一间剪纸教室。在这样的情况下，怎样对不同基础的学生进行辅导呢？我和同事通过实践尝试，认为在有两位辅导教师的情况下，同时将普通社团和精品社团两类融合在一起进行教学是可以做到的。我们的具体做法如下：

1. 首先把课桌布置在教室的两端，分出普通社团和精品社团两个教学区域，两名教师明确责任，各主要负责一个教学区域。

2. 与学生进行交流，不论年级段，学生根据层次和需求，分入普通社团和精品社团两个区域。

3. 设计好教学计划：普通社团的课程内容多从趣味性、基础常识、剪纸理论、基本剪纸技能、传统剪纸和现代剪纸的对比等方面进行设计；精品社团的课程则更多从剪纸文化的探究、本地少数民族剪纸艺术的特征、近现代及当代剪纸艺术家的剪纸作品赏析、传统剪纸的突破形式、如何用剪纸形式表达自己的思想和感受、如何进行剪纸创作等方面进行设计。

4. 两类社团在进行三次课程后，辅导教师根据学生接受和参与的情况重新分编整合一次，确保两类社团后期活动的顺利开展。

5. 整合完毕，组织社团学生竞选出社长等社团机构人选。社团中的常规管理和事项尽量交由社团机构来处理，锻炼学生能力的同时，培养学生的集体感、责任感、荣誉感。

6. 尽可能为学生营造一个有学习氛围的社团环境。我所在的剪纸社团大门上张贴着我创作的大型剪纸作品及剪纸社团标识，教室内的“教师简介”栏，不单是文字简介，而是直接展示了两位辅导教师的剪纸头像，还专门设置了“教学课程”栏，把社团课程的教学内容大纲打印后张贴在教室中，让学生一目了然。我们还设置了展示学生剪纸学习活动的情景图片剪影墙，并留出几面较大的展示墙，让学生的阶段性学习成果及较优秀的剪纸作品能够展示出来，以此更好地激励学生。

我校在2023年10月的省级示范性高中复评工作中，剪纸社团活动的开展和学生的作品展示成为其中的一个亮点。

（二）日常教学点滴

1. 课堂上用几分钟做简单的事。我任教的高中学生大多来自周边的乡镇及村级中学，其中有极少一部分学生不会使用剪刀，有十分之一的学生看着简单折纸步骤图不知所措，有一半以上的学生告诉我他们没有学过或做过手工……这主要是小学和初中阶段美术教育未能正常开展及留守家庭的教育缺失等原因造成的。在保证高中“美术鉴赏”和“美术技能”两项学生考评的前提下，我会在课程中适当地留出三至八分钟的时间和学生们一起做简单的折纸、剪纸、编织、调色、绘图设计及手工等活动。这样做的目的是能够在一定程度上唤醒学生过往的美术学习经验，或弥补他们在一些美术基本技能方面的欠缺。

2. 适当地“闲聊”。结合课程的适当“闲聊”可以更好地促进教育目的。比如在关于建筑的鉴赏课程中，我会将其分成三至五节课和学生探讨：建筑中的色彩美学；中国古建筑中的排水工程处理、雕刻和壁画；中外优秀设计师及其建筑鉴赏；中国传统建筑中的榫卯结构及营造技艺；中国民居中的因地制宜、就地取材、民族智慧与审美；剪纸元素在现代建筑和家居中的设计和应用创新理念；中国古代建筑透出的“门当户对”观念与当今高中学生恋爱观的理解；大学中的建筑专业；个人生活态度与居室整理等关于生活中的美术、职业规划、情感处理、个人修养问题。这些“闲聊”增进了我和学生的感情，让他们更信任我，也增加了学生的知识，拓宽了他们的文化视野，帮助他们树立正确的生活观、学习观和文化观。

3. 走出去，见天地，见众生，见自己。美术学习不能只是坐在教室中“闭门造车”，学生的美术兴趣也不会是通过课堂教学中几张多媒体图片就能激发出来的，高中学生的美术综合素养也不会是坐着学学、看看、想想就能真正提升的。我曾尝试在假期或课余时间组织学生组建美术活动实践小组，结合生活实际状况、我市本土特色、民族文化等展开活动，活动内容可由学生自己提出感兴趣的美术实践活动类别，我辅导学生拟定活动方案，带领或指导学生实际开展一些美术类综合实践活动。下面四个案例，从一定程度上证明，让学生走进社会、参与社会，在真实的社会现实中发现、分析和解决问题，有利于他们真正得到锻炼和形成综合能力。

（1）茶文化与器具——兴仁县龙角茶调查实践活动

兴仁龙角茶是一种地方特色绿茶，我所任教的班级中正好有一名学生家住县城周边的龙角山，他家就有一片茶园，时值春天采茶季，在我的指导下，由这名同学担任活动组组长的调查小组展开了本次活动。学生们开展了网络查询、访问、体验采茶过程、了解机器炒茶和传统古法炒茶的技法与区别、茶艺学习、品茶等活动环节。看到自己亲自采摘的茶叶经过各个环节加工变成香气馥郁、令人回味的一杯茶汤，学生们感触颇深。在茶艺学习和品茶过程中，学生们还在茶具的选择和造型的设计上有了自己的一些认知和见解，对陶艺制作产生了兴趣。该项活动获得2015年全省科技创新大赛科技实践活动项目州级二等奖、省级二等奖。

（2）民族文化与服饰——兴仁苗族服饰调查实践活动

我组织学生深入走访兴仁的多个苗族村寨，采访兴仁苗族协会负责人，在兴仁史志办和图书馆查阅大量关于兴仁苗族的发展史、苗族支系及分布、民族文化、民族习俗、服饰特征及穿戴过程、刺绣图案及技法、银饰打造等，重点了解兴仁四种苗族支系的服饰传承、发展现状及制作技艺传承等，并撰写调查报告和感想发表在校刊上。该项活动获得2015年黔西南州科技创新大赛科技实践活动项目州级一等奖。

（3）变废为宝——艺术创作与材料应用实践活动

我辅导学生用废弃的纸皮、泡沫、树枝、砂石、五谷杂粮等制作美术作品。除了解材料特性并在美术作品中合理运用材料外，还学习基本的粘贴、上色技法和创作方法。我还联合学校生物老师，带着学生做五谷杂粮、残羹剩渣的处理及防腐实验。通过举办校内学生相关主题作品展示活动，倡导和宣传我校师生节约粮食、注重环保的理念、行为。该项活动获得2016年黔西南州科技创新大赛科技实践活动项目州级一等奖。

（4）本土古建筑与少数民族建筑采风——制作建筑模型活动

2022年的暑假，我带着学校美术组的另外两名年轻教师，组织高二年级的十多名学生组建了3个学生美术实践活动小组，陪着他们制定目标、查阅了解兴仁古建筑史及特点、兴仁少数民族特色建筑，并开展实地考察，调查和整理我市城区范围明清时期建造的真武山公园古建筑、东门寺古建筑，以及周边乡镇的屯脚镇鲤鱼坝苗族村寨建筑、巴铃镇卡嘎村布依族古建筑的有关信息。通过调查，初步认识兴仁古建筑及少数民族建筑的历史、价值及现状，了解这些古建筑在造型、装饰、工艺、材料等方面的知识及数据。在调研基础上，3个美术实践活动小组通过分工合作，分别制作出不同主题的建筑模型。第一组主题为《卡嘎布依寨的石头房》，其设计理念是再现布依寨古建筑的木构架石头房，以及院落建筑中透出的生活气息和人文气息，制作材料以木条、木棍、黏土、泡沫板为主，结合木工、绘画、手工制作、切割等技术来完成；第二组主题为《鲤鱼坝苗族村寨的场坝长廊制作》，其设计理念是用带有苗族元素的一个建筑“点”来再现少数民族聚居村的建筑特征，制作材料以PVC板、粗细型号不同的仿木色纸吸管、胶棒枪等为主；第三组带有一定挑战性，主题是《未来可移动可组合的格子房》，其设计理念是对未来建筑功能和空间的一个畅想，主要使用容易成型的卡纸，结合纸立体和剪纸技术进行创作。学生制作的3组建筑模型在我校2023年6月举办的校内通用技术作品与美术作品的展示评比活动中均获奖。

这些社会实践活动，让学生走出校园，学会观察社会，体察民生，在用自己所学去解决问题的过程中，他们收获了自信，认识了社会，认识了自己，也更加懂得了学习的意义。

四、小结

回顾我二十余年的美术教育生涯，如果要用一个词来形容，那一定是“幸福”！幸福于我能够将自己的职业与爱好相统一；幸福于我在成百上千的学生心中播下了美的种子；幸福于我能带领一批青年教师为了相同的目标而不断前行。尽管在这过程中难免会有诸多的不足和遗憾，但我仍对自己有些许期待：能静下心多读书，持之以恒做好一件事，保持健康，保持对生活和工作的热爱，做好我的教育“耕耘”。

教育是一份良心事业，它不仅需要我们保持真心、奉献爱心，更需要我们对待孩子用心。

——廖家秀

廖家秀，2002年9月参加工作，中学一级教师，黔西南州骨干教师、兴义市教学名师、兴义市初中美术兼职教研员、兴义市初中美术名师工作室主持人、兴义市教师培训专家团队成员，黔西南州初、高中命题教师专家库成员。在微课、一师一优课活动评比中荣获省级表彰。参加教师技能竞赛活动荣获市级、州级一等奖，优质课比赛获市级一等奖。曾多次被聘为义务教育阶段教师全员培训、继续教育培训、国培计划授课主讲教师，兴义市初中美术优质课、黔西南州教师技能、论文、精品课、微课等活动比赛评委。

点亮他人成功之灯
照亮自己前行之路

◇黔西南州兴义市丰都街道办事处丰都中学　廖家秀

上古夸父与日逐走，追赶太阳，明知不可为而为，坚持到最后一息。美术教育就如同悬于天际的灼日，我甘愿成为那上古神话的夸父，去探寻美术教育的真谛、去解决美术教育中的困惑、去开启学生想象的大门……哪怕路途坎坷、哪怕无功而返，我坚信身后虽然没有繁花似锦，但一定有为人荫蔽的桃林。

如今，磕磕绊绊已迈进22年美术教学生涯的我，蓦然回首间发现：这份成就自己与他人的职业，隐约间拓展了我生命的厚度与宽度，让我无时无刻地感受到幸福、感受到愉悦。

一、点亮他人理想之灯，传承教育良善之心

教育是一份良心事业，它不仅需要我们保持真心、奉献爱心，更需要我们对待孩子用心。22年的教学生涯里，我的世界汇聚了太多关于孩子们的记忆，回忆那些点点滴滴关于他

们学习美术的画面，时常都会让自己无比的快乐。

那是2013年仲夏的一天，晚饭后我独自一人在学校的花园小径漫步，无意间瞥见一个坐在操场上专心致志画画的小女孩的身影。当时的我非常好奇，其他的孩子都忙着追逐打闹，为何这个女孩却能静静地坐在那里画画？这是我第一次见到王安涛同学的情形——她害羞、窘迫，手上拿着一本已经破旧的美术本子，眉宇间还余留着刚才画画时的激情……通过简单的交流，我了解了她的一些信息：今年才从小学升到初一，因为家里贫穷，父母都在外地打工很少回家，所以就与家中年迈的爷爷相依为命，学习和劳作之外的一切时间都属于画画。我好奇地翻看了她自己装订厚重而笨拙的美术本子，泛黄的纸张上画满了种类丰富的植物，还有许多大大小小形态各异的人物。她这份对绘画的喜爱，再看到这本破旧的美术本子，我的内心是五味杂陈的（那时候我们这里大部分的小学基本都不开设美术课程，就算有也是由其他主科老师来兼任，所以哪怕孩子喜欢画画，也无法接受到正规的美术学习）。为了鼓励她，我对她说："你画得非常棒，特别是操场上踢球的同学，画得非常的生动。"刹那间，诧异爬上了她稚嫩的脸庞，这一刻至今仍历历在目，让人觉得非常心疼。

几天后，我通过广播召集参加绘画比赛的同学到办公室集合时，看到王安涛小小的身影站在 3 个同学的身后，她脸上呈现的那份惊喜与不安让我记忆犹新。在准备比赛前我给包括王安涛在内的5名同学进行了许多关于绘画思维和方法的培训，在涉及绘画主题时，王安涛还主动找到我提出想以家乡的"喀斯特地貌"为主题参赛，我也特别赞同这个思路，便让她大胆地去画。令人意想不到的是这幅作品让第一次参加比赛的王安涛获得了市级一等奖的好成绩。从那之后只要有绘画比赛的通知，王安涛就会主动来参加。

2015年的3月，刚进入初三下学期学习阶段的王安涛找到了我，希望我能教她更多的绘画知识，她想考当地的高中美术特长生。由于那时候我的孩子还很小，自己的工作也非常繁重，无法抽出太多的时间帮助她，所以索性给她介绍了一家当地知名的培训机构。几天后，王安涛再次找到我，她说："老师，我打电话和爸爸、妈妈说了想学画画的事，他们告诉我说家里没有钱让我去学，如果考不上高中就直接去和他们一起打工。"说着说着就小声地哭泣起来，听到这话我内心一阵心酸，哽咽着对她说："那我教你吧！"过后，为了更好地帮助她和其他同样心存梦想的孩子，在学校的大力支持下我和同事一起组建了我们中学的美术兴趣班，第一次组建时只有12个孩子，王安涛也在其中，当时我知道她家庭条件不好，所以我尽我所能为她提供绘画工具，为了更高效地帮助她，我从身边同事和朋友那里了解当地示范性高中的招生条件，并给她制定了详细的学习任务，每天提前给她摆好静物，要求她完成一张素描和一张色彩作业练习。中午她把画交给我，我看后下午在美术教室再针对性辅导。每一次她都能很好地完成甚至超额完成我布置的任务，从未间断过。一个学期下来王安涛的素描、色彩进步非常神速。就连我给她的示范画作品，她也可以临摹得入木三分，特别是对素描调子的理解和明暗关系的处理都远远超出了其他同学。最后王安涛也不负众望，以专业第4名的成绩顺利被当地一所知名的高中录取。听到这一消息后，因为过于激动和高兴，我几天几夜都没有睡好。3年后的某一天，当我再次知晓王安涛同学的信息，是在她给我打来的电话里。她告诉我："老师我考上大学了，现在正坐火车前往学校的路途之中，我永远不会忘记您对我的付出，我一定好好学习，祝您身体健康，事业顺利。"

这只是我教学生涯中众多故事中的一个，至少在这个故事里，我和王安涛同学都是幸运的。因为有了她，让我更加坚定这样的付出是可行的、是值得的、也是幸福的。这或许就是教育的良善之心，用一棵树去摇动另一棵树、用一片云去推动另一片云、用一个灵魂去唤醒另一个灵魂吧！

二、点亮他人成功之灯，人生旅途不再孤单

友谊是一条善良的河流，洗涤了沿途的风尘；友谊是上天在人的心灵中植下的一颗种子，绽放出诚实善良的花朵。我始终相信，真挚的友谊一定是大家怀揣诚实与善良，为了共同的信念，携手并进、共同成长。只有这样我们彼此的人生旅途才会变得更加丰富与多彩。

那是2020年的秋天，在上级主管部门和学校的支持与帮助下，我被批准成立了"初中美术名师工作室"。工作室旨在建设一个能够与更多美术教师合作交流提升的平台，同时以合作共赢的形式，一起探讨新课标下学生美术核心素养培养的途径方法，并结合自己和其他优秀老师的经验，重点解决美术老师如何面对备课、上课中出现的各种问题。还记得，工作室第一次开班时就得到了我们本地许多美术老师的支持，他们纷纷

报名加入进来，让我非常感动。其中有一位姓梁的老师在刚加入不久，就获得了参加省级优质课比赛的参赛资格。同时我也非常幸运地接到梁老师的帮助请求。我思考着：能够参加省一级的优质课比赛，说明梁老师的教学工作一定非常优秀。为了扮演好助手这一角色，我认真了解梁老师提出的帮助需求，并对参加比赛的多个课题进行了具体分析，最后梁老师采取了我的建议，确定了上课的课题《画家笔下的色彩》，接下来梁老师便开始按照自己的思路进行备课。

一周后，我组织了工作室的成员一起来听课。梁老师采用多媒体展示课件，每个环节都逐一地介绍自己的备课理念、思路、目标等。听课结束后，大家经过分析和讨论，指出了初备课程思路不够清晰、内容过多等问题，并毫无保留地为本次比赛课程的备课出谋划策，提出很多有创意的建议。首先在课题导入上，创设魔幻的现实场景，用泡泡机制造出大量的彩色泡泡，营造出多彩的氛围。在教学的知识环节上，以学生的真实体验为主，分为听、闻、尝三个部分，中间穿插学生们都喜欢的手游，即融入色彩知识的王者荣耀游戏闯关活动。接着是走进大师环节，了解梵高画向日葵背后的故事。然后再回到课堂实践上，选用两种不同的材料录制表现色彩的教学示范视频。最后在结尾情感升华上，选用了《色盲眼中的色彩》视频，激励学生要做一个阳光少年，为最后的环节画上完美句号。思路整理清楚后，工作室的成员们自告奋勇地对该课题的课件设计、课堂实施、教具制作及资源的查找等进行分工，全力以赴地为梁老师参加省赛进行赛前筹备。

还记得临近参赛前的最后一次磨课现场，梁老师一句

“惊喜即将到达现场，请同学们闭上眼睛”，随后音乐“笑起来真好看”响起，满天的泡泡从同学们头顶飘落下来，情不自禁睁开眼睛的同学们瞬间被惊喜所笼罩，被这欢快和梦幻的氛围所触动。看到这一幕，所有工作室参与到此次磨课的老师们都非常欣慰，要知道，一节精彩的好课往往都有一个精彩开头。一直到下课，同学们这种高涨的学习氛围仍然在持续。我们一致觉得这节课已经成功了一半，所以在接下来的磨课中，我们针对梁老师的课堂超时问题，又进行了2次改动，最终将授课的内容全部确定了下来。最后，为了陪同梁老师一起去比赛现场，我和工作室的另一位成员还特意请了3天的假一起前往比赛学校。在比赛现场看到梁老师神采飞扬的授课状态，我们紧张的心情慢慢地放松下来，最终梁老师不负众望，在省级优质课比赛中获得了一等奖的好成绩。

我们都认为，这是一段非常美妙的经历。一群初次结识的美术老师们，紧密地团结一起，凝心聚力、共同奋战，不仅感染了我自己，也感动了梁老师。她说：“我虽然教书时间并不长，但是从来没有得到过那么多老师的帮助，这种团结的力量、友谊的氛围让我受宠若惊，幸福满满。”有了这样一个精彩的开头，至今，我与梁老师还有工作室里的成员们都结下了非常深厚的友谊，并且这样的参赛例子，在我们工作室这几年的时间里，也一直不断地再次上演。

三、点亮自己成长之灯，不负韶华砥砺前行

吾生也有涯，而知也无涯。我深知，作为一名美术教

师，身上肩负美育重任，必须紧跟时代发展，了解并把握新时代的美育精神和学生的审美需求。只有通过不断地学习，不断地完善自我，不断地提升和改善自己的教学能力，才能更好地适应新时代教育的发展趋势，更好地满足学生的发展需求。

还记得我在2013年的9月第一次参加能力提升培训，当学校告知需要我去参加省级中小学美术骨干教师培训时，我内心茫然和激动交织在一块。因为工作了那么多年，第一次听说有针对美术教师的培训和学习。在培训过程中，授课教师们慷慨解囊，为我们分享了许多实用的教学方法，为我的教学思路和方法的提升开启了一扇崭新的大门，真的是受益匪浅。在记忆中，有一位姓刘的授课老师，她分享的课堂作业是学生“设计学生装”的案例。在老师没有准备任何工具的情况下，学生独立地使用一张餐巾纸来完成作业，通过观看刘老师的PPT，一件件美轮美奂的学生作品充满了想象力和创造力，突然一下就震撼了我！也让我逐渐明白，工具和材料只是辅助美术课堂的教学手段之一，而最重要的是通过兴趣的激发和思维的引导，培养学生的创新意识和创造能力，只有这样，才能构建高效的美术课堂。反思自己平时在教学中，对学生不带工具、绘画基础差的现象只会抱怨而无改进和引导的做法感到非常惭愧。

在刘老师使用餐巾纸进行美术作品创作思路的启发下，我在自己的教学里将“灯饰的制作与设计”课程进行了大幅度的调整，在教学中注重引导和启发学生们通过积极的想象和实践，就地取材，在有限的资源中去探索和创造出无限的可能。学生对这种新的具有探索性的学习方式产生了非常浓厚的兴趣，最后都圆满地完成了本次课程学习任务。看着学生桌面上用不同材料设计出的各式灯饰，堪称一场精彩的小型灯饰展。这种在教学过程中寻找学习美术的兴趣，感受学习美术的乐趣，探寻艺术创造无限可能的学习方式，让我和学生们都体验到了意外的惊喜，获得了不一样的成功。

四、结语

点亮心中的那盏灯，便能照亮我们彼此的人生；成就他人成功之路，便能成就自我理想人生。与王安涛同学的相遇，提升了我对美术教育的存在意义和价值的认知，坚定了我作为教师的理想信念；与梁老师的结识，不仅获得了珍贵的友谊，也让我明白了“团结协作是一切事业成功的基础”；而那些在我人生中无私与我分享成功秘籍、传授我知识与技能的老师们，丰盛了我的行囊，滤去了我心灵的“杂质”，坚定了我从事美术教育的信心。没有付出就没有收获。在人生长河的岁月里，成就别人亦是完善自我。上善若水、笃学敦行、以余生为期，为了这份我热爱的关于美的事业，我将不忘初心，砥砺前行！

第三篇

他们从乡村走来

在贵州，要谈教育，谈中小学美术教育，一定离不开“乡村”这一关键词。这是因为在贵州基础教育的整体大盘中，农村、乡村占据了绝大多数。可以这么讲，只有这绝大多数的贵州乡村中小学教育发展好了，我们才能说贵州的基础教育是成功的；同理，只有贵州广大的乡村中小学美术教育发展得好，我们才能说贵州中小学美术教育的发展是好的。贵州乡村中小学教育的成功与否，决定着贵州基础教育的成功与否。从这个意义上看，贵州的乡村中小学美术教师在贵州中小学美术教育中有着极为重要的价值和意义。

在本书介绍的名师中，有相当一部分是从乡村中小学校开始他们的教育教学生涯的。他们有的坚守在乡村中小学一辈子，默默地为乡村的中小学教育，为乡村的发展做出了重要的贡献；有的虽然后来离开了乡村，但乡村教育的情结始终伴随着他们，他们忘不了乡村，忘不了乡村的学校和孩子，他们总是关注和支持着曾经为之付出的乡村学校的发展。

客观地看，就当下贵州乡村中小学美术教育教学的状况而言，虽然同20年前相比是有了较大的发展，但远远未达到国家对中小学美育、艺术课程实施的总体要求，与全国经济、教育发达省份的乡村中小学美术教育相比，仍存在着较大的差距。形成这种状况的因素当然是多方面的，由于经济、地域等因素的限制，贵州乡村美术教育的土壤相对贫瘠。具体来说就是大家都知道的诸如基础硬件设施缺乏、专职教师缺乏、工具材料缺乏、教学资源缺乏等状况，这些状况过去存在，今天依然存在。所以，我们在谈贵州乡村中小学美育、美术教育的时候，一定不能脱离这一特殊的省情。因为我们的这些名师乃至全省广大的乡村中小学美术教师，就是在这种艰难的环境和条件下从事美术教育教学工作的。他们没有过多的豪言壮语，也没有所谓高深、时髦的教育理念，只是凭着师者的本心，凭着对孩子、对美术教育质朴的爱，在贵州乡村中小学美术教育这块贫瘠的土地上默默地、辛勤地耕耘着。正因为有了他们的努力，乡村的孩子们才有了接受艺术教育的权利，才体现了教育的公平。通过他们的教学，乡村的孩子们得到了艺术的启蒙，艺术的感知力、创造力都有所提升；在他们的引导下，乡村的孩子们学会了发现生活中的美，懂得了对生活、对生命的热爱，并在心灵中播下了美的种子。他们并不满足于在学校、课堂教给学生一点美术知识技能，或仅限于教学任务的完成，而是通过美术教育，引导学生形成正确的人生观和价值观，注重对学生完善的品格培养，这些对学生身心健康及个人成长方面都起到了不可替代的作用。他们还向学生开启了看见外面世界的窗户，让学生有了理想、有了追求。总而言之，这些来自乡村的中小学美术教师能够在如此艰难的条件下，能够坚持、坚守并有所成就，让乡村的孩子有了美的启迪和追求，为贵州的乡村中小学美术教育教学做出了不可替代的贡献，这是需要一种精神支撑，需要教育智慧的。为此，我们对这些曾经和依然坚守在乡村的贵州乡村中小学的美术名师和广大美术教师，应心怀敬意！

从这些名师的叙事中不难看到，他们初到乡村学校时，多是满怀着能做一名优秀美术教师的理想。但现实却远非如此，他们到学校后大都从事其他学科教学和众多教务杂事。但他们总是不忘初心，在做好学校分配的工作的前提下，最终实现了当一名专职美术教师的夙愿。这说明我们这些名师对艺术、对美术教育源自内心的执着与热爱。这是极为重要的，也是令人感动的。正是因为有了这份对美术教育的执着与热爱，他们才能在贵州乡村中小学美术教育这块并不肥沃的土地上潜心耕耘并结出丰盛的果实。我们还应看到美术教师在学校得不到专职专用甚至另作他用产生的负面效应。很多学校领导和老师都说这种现象是普遍的，并且在今天依然存在，已经习以为常了。但习以为常并不意味着这是正常的、合理的。我们一方面在抱怨乡村中小学艺术师资奇缺，另一方面却将美术专业的大学毕业生安排去教英语、语文或其他学科。虽然学校这样做自有其苦衷，但长期理所当然地这样做，往小处讲，是对美术教育这门课程缺乏应有的敬畏，是对美术教师的轻视和不尊重；往大处讲，是对国家立德树人德智体美劳五育并举教育目标的漠视。若让这种现象长此以往，必将严重阻碍贵州中小学特别是乡村中小学美育工作的健康发展，进而对贵州中小学教育教学质量的提升、素质教育的发展形成负面影响。我们这些来自乡村的美术名师，能够在这种并不正常的美育环境中有所坚守、有所追求、有所创新，着实是难能可贵，值得敬佩！

贵州乡村中小学美术教师的另一重要贡献，在于对乡村优秀民族民间美术课程资源的开发和利用。由于受美术教学硬件设施、工具材料等资源匮乏等因素的影响，乡村中小学在美术课程实施上困难重重，教学质量难以保障。面对这些困境，这些乡村中小学美术老师并未消极对待，而是以富有创造精神的行动去改变、去完善这一切。他们因地制宜，将当地丰富的民族民间文化资源充分利用起来，将这些资源根据美术课程标准的要求进行筛选、整合，形成具有乡土特色的美术课程。通过这些课程的实施，既在一定程度上解决了教学资源匮乏的问题，又帮助学生增进了对自己家乡文化的理解和热爱；既使得地方优秀的传统民族民间艺术得以传承和发展，又提升了乡村整体的文化氛围和生活品质。可以说这些乡村中小学美术教师不仅是乡村学校美术课程的实施者，也是乡村文化的守望者和推动者。

贵州的中小学美术教育主要看乡村，贵州乡村广大的中小学美术教师对贵州中小学美术教育的发展起着至关重要的作用。据于此，我们对这些来自贵州乡村的中小学美术教学名师寄予更多的期望，也希望能有更多的中小学美术教学名师来自贵州的乡村，通过他们努力，贵州的乡村中小学美术教育定能开辟出一片新天地！

兰　岗

俗话说，十年树木百年树人。培养学生不能仅仅看他考上了什么级别的学校，而更重要的是使他们形成正确的人生价值观、良好的身心品质和能适应社会的生存能力。

——杨殿弼

杨殿弼，侗族，1963年出生于贵州省剑河县太拥乡昂英村，大学本科毕业，全国优秀教师、美术正高级教师，贵州省特级教师，贵州省美术家协会会员，贵州省作家协会会员，贵州教育学会美术专业委员会常务理事，贵州省首批教学名师，贵州省首批教学名师工作室主持人，贵州省“‘十二五’中小学继续教育优秀培训者”，黔东南州高中教学能手，黔东南州第三批、第四批州管专家。

那年，我从大山走来

◇黔东南州凯里市第八中学　杨殿弼

我的老家位于距离剑河县最远的一个苗、侗、汉杂居的山村，这个地方叫昂英。那时的昂英，交通十分闭塞，因为偏远，民风民俗朴实，邻里之间和睦相处、相互照应。那些年，我和村里的孩子一样，几乎每天吃的都是苞谷饭、蕨粑饭、红薯饭、洋芋饭。在老家读小学的课余时间，玩的是水沟边的小水车、田里的泥巴，还有抽陀螺、捉迷藏、上山捕鸟、下河捉鱼、砍柴割草和照看弟妹。我的童年和少年就这样在大山里度过，虽然贫困但很快乐。掐指一算，我离开老家，走出大山，迄今已是整整40个年头了。

一、始于“非自愿”的中师教育生涯

1980年，我以全班第一名并高出分数线80分的成绩考上了剑河县师范学校。说实话，当老师也不是我的初衷。老师的职业光荣而神圣，但育人是一个漫长的过程，没能像其他职业那样立竿见影，成效看得见摸得着。更重要的是肩上承担的压力太大，弄不好就会误人子弟，影响人的一生。所以，我在填报志愿的第一、第二、第三志愿栏上都没有填“师范学校”这四个字，就因为在“能否服从调剂”栏上写了“同意”两个字，结果命运改变了，县教育局把所有服从调剂的28名学生档案全部留下来，安排进县里的师范学校，结果还是不够一个班的人数，最后从全县民办教师中选出12名加入我们这个团队，这样的40人组建了八〇级师范班。

从偏远的乡下来到县城，一切都是崭新的，一切都是好奇的。当时感觉城里人真好，有工资，身上揣着钱，想吃什么、想穿什么就可以随时掏钱购买，而这些都与我这个乡下人无缘。我身上穿的是父亲从城里买来的“咔叽布”，母亲亲自为我剪裁并一针一线缝制的衣服，脚上穿的也是母亲为我做的土布鞋。在剑河师范学校学习的两年里，学校开设的每一门功课我都认真去学。虽然有部分课程和高中学习的有所雷同，但我还是极为认真去对待、细心地钻研、认真地写读书笔记。周末和节假日，许多同学都回家或者走亲访友，几乎只有我一个人总是坐在教室里静静地看书、认真地写读书笔记、练习绘画或者在教室一角的脚踏风琴上练歌识谱……

两年的师范生活结束了，我被分配到老家当了一名“娃娃头”。到学校（一所只有3名老师的小学）报到时，校长安排我一人包五年级一个班。包班，意味着语文课、数学课、常识课、思想品德课、音乐课、体育课、美术课、课外活动等都要上，而且都要上好。幸好在师范学校学习时，我对每一门课都认真地对待，有了厚实的基础，否则我还真“吃”不下这口“饭”。就这样，上午三节课，下午两节课再加上一节课外活动课，每天上六节课，一个星期下来要上三十多节课，晚上还得备课、批改作业，有时候还得到附近的村寨去家访。高强度的工作虽然把我累得筋疲力尽，但我还是坚持着，并满怀信心期待7月的学生考试成绩。

辛勤的耕耘换来了可喜的成果。在当年小学升初中考试中，我所教的15名学生，有13人考上了区里的初级中学，全区小学升初中教学质量评比我获得了第三名。特别让我欣慰的是，我为白道乡（原为公社，后改为乡）所在地的白道村的学生升入初中学习实现了零的突破。

1983年，我刚好19岁。秋季，因为工作需要，我回到以前读高中的母校——太拥中学。太拥中学是一个比白道小学高出许多的平台，因为它是全区的优秀学子聚居的地方，不但有全区一流的学生，而且还有全区一流的教师和教学设施。太拥中学的教师中有80%是从黔东南民族师范高等专科学校各个系科毕业的人才，我因为能加入这个一流的学校，成为一流教学团队中的一员而感到自豪。

在太拥中学一年的时间里，在与老师们的交流中，我总觉得自己与他们无论在学识的深度还是广度上都有很大的距离，与他们交谈，就像在读一本厚厚的书，精彩而富有人生哲理。这是为什么？难道只是因为他们上过大学？我也是上过高中，然后才去读师范学校。照理，我不会比他们差多少吧！我想不通！既然比不上他们的学识，我决定和他们比教学，看谁的教学水平高。平时没有课的时候，我走进他们的课堂观摩教学，发现他们的教学理念、方法、语言的穿透力及驾驭教材的能力远远比我强得多。这下，我终于被他们渊博的知识和教学水平折服了，原来那种获得全区第三名的那种沾沾自喜、洋洋得意的心态荡然无存。于是我想到了“充电”，只有进一步深造，才能与自己的同事站在同一条起跑线上。从此，我在教学之余又多了一条艰辛的求学之路。

二、走上美术教师之路

我自小就爱好绘画，小时候，语文、算术书上的每一幅图画，我都会用铅笔描绘下来，我自信在绘画方面是有潜能的。而且在上高中的时候，也曾得到启蒙老师吴成林的真传，读中师的时候，素描也有机会得到美术老师麻广成的精心指导，有一定的绘画基础。我想，走美术这条路应该可以通向大学的殿堂。于是，漫长的求学生涯又在我的脚下延伸……功夫不负有心人，1984年秋季，我终于收到了黔东南民族师范高等专科学校发来的美术专业录取通知书。

黔东南民族师范高等专科学校（现凯里学院）位于黔东南苗族侗族自治州州府凯里市，凯里市是全州的政治、文化和经济中心。从偏远落后的太拥山区来到自治州州府凯里市，从一所初级中学来到一所高等专科学校，虽然环境改变了，但我的初衷永不改变：就是希望将来成为一名更加优秀、更加完善自我、更加充满自信、更有人格魅力的人民教师！

在学校，我每天沉浸在学习知识、掌握绘画要领的学术氛围中。在这里，你每天都会感受到每个人身上都洋溢出积极向上的激情和风采；在这里，你每天都会感受到落后于别人而带来的生存空间危机；在这里，你还会感受到世界之大而个人之渺小。总之，你没有理由拒绝学习。高校的3年，我就是这样在图书馆、画室、寝室之间来回穿梭，不懂的地方就向老师请教，或找同学探讨，而更多的就是把自己关在图书馆。从大山走来，我从来没有见过这么大的图书馆，也没见过里面摆放这么多的书籍——有中国的、外国的，有文学的、有艺术的、有历史的，也有政治的、军事的、地理的、物理的、化学的、生物的。总之，你想看什么书，想查什么资料，图书馆里应有尽有。图书馆成了我享受文化知识营养的“大餐厅”。在大学里，我拼命地吸收各种知识的营养，因为3年后，我将离开这座城市、离开这个图书馆，将要回到大山深处去与我大山里的孩子为伍。我还要把我看到的、听到的讲给孩子们听，让他们知道山外有山，山外的世界更美丽、更精彩。让他们从小刻苦读书，立志成才，走出大山。即使有些学生走出大山远居他乡，也希望他们心里牵挂着大山深处的故乡和留在故乡的亲情友情，期盼他们可以为大山深处故乡的发展出谋划策，尽己所能，使故乡能尽快摆脱贫困落后的帽子。

1987年7月，我以全班第二名的成绩毕业。因学业成绩优秀，当年10月经黔东南苗族侗族自治州人民政府特批，我被择优分配到凯里铁路职工子弟中学，担任一名普通的中学美术教师。

铁路系统的工作实行半军事化管理，上下班实行签到制，不允许任何人上班迟到或早退，否则按安全事故处理。走进铁路部门，你会自觉遵守铁路的相关守则，你会自觉去完成每一天需要完成的工作。因为所有铁路职工的工作风格都是严谨、刻苦、认真的，如果你不去这样做，你自然会感觉到愧对铁路人、愧对自己的职业。

记得在我上第一节美术课的时候，向学生进行自我介绍后，在黑板上随意画了一幅铁路信号工人拿信号旗挥舞的速写。刚转过身正准备给学生讲速写要领的时候，教室里突然传出如潮的掌声。当时，无论我怎么挥手暗示，声音总是无法平静下来。掌声代表学生对老师专业基本功的肯定，掌声也代表学生对艺术产生了浓厚的兴趣，掌声更是对教师教学给予的鼓励。我为之而感动，也为能成为一名美术教师而骄傲自豪。

三、在探索学校特色发展中发展自身

因为有了那次热烈的掌声，我工作的方向更明晰，工作的劲头更足了。1987年11月5日下午，我在学校贴出了第一张美术课外兴趣小组和摄影兴趣小组的招生海报。首期来了高一、高二年级的16名对美术、摄影有兴趣的学生，其中摄影12人、美术4人。首期美术摄影兴趣小组通过一年的学习，其中高三年级的两位美术学生分别考进了黔东南民族师范高等专科学校美术系和贵州艺术高等专科学校油画系。这两位学生是高三年级文科班（当时文科班只有22人）的符湘晴和陈杰，他们成了我从事美术教学生涯的开门弟子。因为有了首批美术兴趣小组学生的带动，接下来一批又一批有艺术兴趣的学生纷纷加入美术兴趣小组，这为我后来创办较大规模的艺术中职特长班奠定了基础。

就这样日复一日、年复一年，我那间阴暗狭小的画室（其实是煤棚），继符湘晴、陈杰之后，又有文军、蔡强、车安静、左盛、温丽萍、杨玲华、杜贵香等相继走进全国各地美术高校。至2000年，从这里走出去的学生有102人，他们分别被重庆大学、西南大学、云南大学、四川美术学院、北京服装学院、贵州大学、贵州师范大学、贵州民族大学等高校录取。

小小的煤棚能放飞百余名大学生，这不禁让同事们对我另眼相看。除了美术教学，我对写作、摄影也抱有极大的兴趣。学校领导为了能让我更好地发挥写作和摄影的特长，给我购置了照相机和摄像机，学校开展的各项活动，我都到场拍摄下来，然后伏案采写新闻稿件送报社刊登和电视台播放。近十年，我采写的三百多篇新闻稿件先后在贵州日报、黔东南日报、凯里晚报、西南铁道报、贵州铁道报发表，以及在黔东南电视台、成都铁路电视台、贵阳铁路电视台等电视媒体单位播放，为宣传凯里铁路中学，扩大凯里铁中对外的影响做出了贡献。为此，我被贵阳铁路分局认定为全分局中小学美术学科带头人，被成都铁路局评为优秀青年教师，多次被贵阳铁路分局、凯里市委宣传部评为优秀通讯员，被凯里市委、市人民政府评为市级优秀教师，之后又被成都铁路局破格晋升为中学高级教师。

2000年，我率先在全州竖起凯里铁路中学艺术中职特长班的牌子，在全州成立了第一所“一套人马、两块牌子”的办学模式。2001年9月，我首次面向凯里市及周边县招收艺术特长生，共有62名学生进入艺术特长班学习。迄今为止，每年至少有60名艺术特长生进入我校中职特长班，已有一千四百多名艺术特长生在此接受专业训练，其中近千人考上全国三十多所艺术高校或高校艺术专业。

2004年，铁路部门进行大改革，其中一项改革任务是将教育、卫生系统从铁路系统分离出来。就这样，凯里铁路职工子弟中学随之被改为凯里市第八中学，并归属凯里市教育局管辖。虽然学校已更名为凯里市第八中学，但铁路人的拼搏精神仍在，全体教师仍然以饱满的热情和极为认真的态度投入育人工作。

2004年10月，黔东南苗族侗族自治州举行第四届高中教学能手比赛。这个比赛是由州人民政府委托州教育局主持开展的，是一个由州人民政府颁发政府表彰奖励证书的高级别比赛。比赛内容包含理论考试和课堂教学等，比赛结果须获得专家、同行和学生评价达到90%以上的优良率才能出线。在初赛中，我从来自全州的50名各学科高中教师中脱颖而出，成为22名参加决赛的选手之一。同年11月，在黄平民族中学举行决赛。在决赛中，我的4项比赛指标均达到要求，最终成为获得表彰的8名教学能手之一。通过这次比赛，我也对自己的教育教学理论积淀及教学经验有了一个较全面的反思和评估，并明确了今后努力的方向。

2005年，时值贵州省认定第二批中小学骨干教师，我也作为骨干教师的人选之一报送贵州省教育厅，通过专家的严格、公正、公开评选，我成了第二届贵州省中小学骨干教师的培训对象之一。通过一个月的培训，再经过半年的跟踪考察、考核和论文答辩后，我被贵州省教育厅认定为第二批省级中小学骨干教师。由于在教学上取得了较突出的成绩，为社会培养了大批美术人才，同年年底，我被黔东南苗族侗族自治州文联推选为州美术家协会副主席。2006年年底，我又加入了贵州省作家协会。

因为加入了作协和美协，我有机会与文学家、艺术家频繁交流，也开阔了视野。这种视野的开阔与境界的提升，又促使我的美术教学理念发生变化。无论是美术鉴赏课堂教学还是美术高考生辅导，我都力求从培养学生观察能力、分析能力、想象能力、创造意识等方面入手，既注重培养学生的审美情感，也强调学生思维能力的提升，力求使学生在审美的氛围中得到快乐成长。所以，我所教的每一届艺术特长生毕业后，即使没有被高校录取，也能在社会上找到适合自己生存和发展的平台，成为社会上能自食其力、遵纪守法的合格公民。

俗话说，十年树木百年树人。培养学生不能仅仅看他考上了什么级别的学校，而更重要的是使他们形成正确的人生价值观、良好的身心品质和能适应社会的生存能力。同样，衡量一位教师的成就不能仅仅看他有多少学生考上大学，更重要的是要看他自身的文化内涵和人品素养的高低。要培养德、智、体、美、劳全面发展的社会人才，对于教师来说，就应该以德为先、技艺精湛、教风优良、处处为人师表，既要做传授知识的好导师，又要做道德模范的引路人。在我四十年的教学生涯中，我总是在朝着这个方向去努力，默默地遵守、默默地垂范、默默地耕耘，也是这样默默地享受辛勤耕耘带来的收获喜悦。

四、寻求更高的人生境界

自2008年以来，我一直围绕着美术特长生的教学，就如何提高教学质量进行了多次尝试，先后带领学校美术教师进行《艺术特长教学实践》《高中美术特长教学实验》《民族民间绘画在课堂教学中的利用与开发》等科研课题研究，努力探寻提高素质教育的方法和途径。同时，我还组织学校美术教师参观学习、深入实践、总结归纳、不断反思，使学校美术教师在教育教学上得到了锻炼，取得了可喜的成绩。其中吴江勇、杜贵香老师被凯里市教育局认定为高中美术骨干教师，江伟老师晋升为中小学高级教师，杜贵香老师还被州教育局认定为州级骨干教师。美术组全体教师共同参与的课题《艺术特长教学实践》2008年荣获州第三届基础教育科研课题评比优秀奖；《高中美术特长教学实验》2010年荣获州第四届基础教育科研课题评比一等奖，并被选送参加贵州省2010年基础教育科研课题评比，荣获三等奖；《民族民间绘画在课堂教学中的利用与开发》2011年荣获州第五届基础教育科研课题评比一等奖、贵州省首届基础教育教学成果二等奖，并被省教育厅推荐参加全国基础教育教学成果评选。

正因为在课堂教学上的精益求精、在教育科研上的刻苦钻研、在教育理念上的不断提升，2013年10月我被贵州省教育厅认定为贵州省首批中小学（幼儿园）教学名师工作室主持人，成为全省首批认定的27名教学名师工作室主持人之一。

自2014年3月开始，工作室每个月都有从全省各地来的三四名高中美术教师跟岗研修学习。学校免费提供教学场地和办公场所，教学名师工作室主持人对这些学员进行课堂教学、教育科研、专业基础等方面的指导和引导。具体就是上示范课、进行专题讲座、听课评课。学员则上研讨课、考核课，然后是教学名师工作室主持人和学员互相听课评课、学员说课、写教学反思、撰写课题分析报告，以及到其他学校开展校际教学教研交流和民族文化进校园等活动。作为教学名师工作室主持人，我总是为学员教学水平的提高、教育科研能力的提高、专业基本功的夯实、教育理念的提升而寻找对策、探寻方法。针对工作室学员在教育理论、教学方法和美术专业能力方面存在的问题，我有的放矢地上各种类型的示范课、举办各种专题讲座、与学员进行广泛而深入的沟通与交流，力求使学员在工作室研修期都能获得不同程度的改变与进步。精诚所至金石为开，由于我和学员们都有着对育人事业的执着追求，参加研修的每一位学员都是期待而来、满意而归，而我也在与学员们的交流中获得不少的感悟与启迪。

“宝剑锋从磨砺出，梅花香自苦寒来。”因为对事业的坚守、对教育工作的热爱和付出，2014年教师节，我被教育部授予“全国优秀教师”光荣称号。这是我连做梦都不敢想的事。面对突如其来的荣誉，我真不敢相信这是真实的，因为我也和所有的教师一样平平凡凡、普普通通，大家都在教书育人的第一线兢兢业业地工作、勤勤恳恳地耕耘、实实在在地生活。面对这份荣誉，我既有欣喜，也倍感压力，我想我只有更加地努力，为家乡、为学校、为老师、为学生做得更多更好，才不负这份荣誉。

五、结语

风雨兼程四十年，从12岁离开家乡，离开生我养我的父母，离开那些朝夕相处的莽莽群山，我就这样从一座山翻越到另一座山，从村里走到乡里，从乡里走到县里，然后来到州府凯里这个繁华的城市。从某种意义上来说，我是故乡的叛逆者，是故乡的不肖子孙，有愧于那一方水土的滋润和养育。但从另一个角度来看，我从一名普通的小学教师到初中教师再到高中教师；从州级高中教学能手到省级骨干教师；从州管专家到省级教学名师，从市级优秀教师到全国优秀教师。这一路洒下的汗水和获得的荣誉证明我的坚持是正确的、值得的。如果汗水的背后得到的是成功，如果成功是一块能让别人前行的奠基石，那我将会为自己能成为这块奠基石而欣慰。

时光匆匆，岁月悠悠。如果说时光和岁月改变了我的年龄、容颜、环境和生活，但改变不了我对故乡昂英的牵挂，改变不了我与大山的情结，更改变不了我对教书育人事业的那一份执着和挚爱。

教育是一项良心工程。作为教师，无论个人能力高低，在教育教学过程中，必须尽职尽责，促进孩子们身心健康成长，这样才无愧于自己的教育初心。

——顾先琴

顾先琴，美术学本科学历，美术高级教师，贵州省女美术家协会会员，黔东南州美术家协会会员，凯里市美术家协会会员兼副主席。市、州级骨干教师，凯里市兼职教研员。2017年被审批为贵州省民族教育“双百工程”民族名师培养对象。2019年参与完成省级重点课题1项；2021年个人所负责的学校民族民间美术特色课程被评为第三批全国中小学中华优秀传统文化传承学校项目。2022年主持完成州级重点课题1项，工作期间完成并发表美术学科论文十余篇，获省级教学论文评比一等奖1篇、二等奖1篇。个人担任专职美术学科教师期间，师生获各种美术奖项近两百次。

从兴趣小组到美术社团
——我与孩子们的成长故事

◇黔东南州凯里市万潮中学　顾先琴

1997年7月我毕业于黔东南民族师范高等专科学校美术系，同年8月分配到凯里市万潮镇中学任教至今，时间飞快，转眼就在万潮中学扎根了26年。在教学生涯的26年期间，经历很多，也收获很多。如今回顾多年来的教学生涯，除了踏实搞好日常教学外，最令我难忘的就是我和社团孩子们一起成长的历程。

一、开启我的教学生涯

1997年8月一个阳光灼热的上午，我背上简单的行囊，在大姐的陪同下，一路颠簸、风尘仆仆地前往万潮中学报到。当时正值凯里市区至万潮公路路段修复，原本四十分钟左右的车程因为路段正在维护造成部分路段暂时无法畅通，从上午9点多出发到下午3点多钟，足足坐了六个多小时又窄又挤的小型中巴车，才灰头土脸地到达万潮小镇。到了小镇，我和大姐又热又饿，就在街边的小摊位上买了两碗米豆腐，狼吞虎咽地吃起来。吃完米豆腐后，向卖米豆腐的小商贩打听万潮中学的具体位置，然后就急匆匆地前往学校报到。进入校园后，打听到校长家的具体位置，大姐就陪着我径直往校长家去。在老式的红砖瓦房里，校长热情地接待了我们。我自我介绍说是美术学科教师，由教育局分配到万潮中学任教，现到万潮中学向校长报到。校长很是高兴，说万潮中学原来的美术教师已经调走，现在正缺美术教师，我来了正好。说真的，第一次到万潮小镇，看着给人感觉陈旧狭窄的街道、陌生的校园环境、陈旧的教学楼，我心里有种莫名的失落感。也就在这种失落的心境下，我开始了几十年的从教生涯。

二、组建美术课外兴趣小组

如今万潮中学的学生总数有270多人，因学生逐年减少，班级不断合并，现在只有6个教学班。而在我刚任教那几年，学生总人数高达1200多人，18个教学班。学校只有我一个美术学科教师，所有班级的美术教学任务理所当然地就落到了我一个人身上。平均下来一天要上4—5节课，第二年还担任了班主任工作。那时课业负担虽然很重，但因为年轻，也能轻松地扛下来。

在我刚任教的那几年，学校的条件并不好，学生人数多，教室紧缺，没有专门的美术室，学校也没有要求美术教师必须开展美术课外活动。但作为美术专任教师，我个人认为很有必要开办美术课外兴趣小组（十几年前，学校美术课外活动都称为美术课外兴趣小组，后来随着新课改、新教学理念的不断提升，美术课外兴趣小组更名为美术社团），这样能给喜欢美术的学生提供一个学习和展示的平台，同时能也为学生升学考试提供更多的选择空间。

上班的头一年，我就开始动员学生参加美术课外兴趣小组。但作为地处偏远的乡镇中学，大部分学生及家长总认为美术学科是可学可不学的副科，再加上学校并不支持和重视，最后报名下来也就5名学生。在学校挤不出专门的美术室的情况下，我就把这5名学生带到我在校门口吃住一起的一间二楼出租屋里，开始辅导他们进行素描和色彩的学习。在学习过程中，孩子们很认真也很努力，每天都按时参加培训，埋头苦练。

三、第一次带孩子们走出去

在20世纪90年代，还没普及中职教育，高中部招生的名额也比较有限。部分学生因为成绩不理想初中毕业后就回家随父母或家人务工务农，少部分学生也会选择复读或就读职校。那几年，全省初中生毕业报考贵州省艺术学校、贵州省第二轻工业学校等五年制大专非常吃香，而且竞争也很大。在我到万潮中学任教之前，学校从来没有组织学生考过类似的五年制大专，对此类学校招考初中美术特长生的信息也不甚了解。

在对课外兴趣小组中初三年级几个学生进行美术专业指导期间，我建议他们在考不上高中的情况下，也可以考虑报考贵州省第二轻工业学校和贵州省艺术学校。在我的建议下，我任教的第一个学年就有3名学生决定到贵阳去报考贵州省艺术学校和贵州省第二轻工业学校美术设计专业。临近考试，我向校长申请带学生上贵阳市考试，本以为校长会很支持，结果被泼了一盆冷水。校长说你带学生出去考试可以，但安全问题完全由你一个人承担，出了问题你自己扛，学校不会负责！当时年轻气盛的我，听到校长这样说，心里特别窝火，心想为了学生的前途自己扛就自己扛，怕什么！于是就乘坐公交车到火车站提前买好了我和3名学生去贵阳的火车票。

考试前一天下午，我们乘坐绿皮火车前往考点，当时考点统一设在贵州省艺术学校。下火车时已临近傍晚，夜幕慢慢降临，我们沿着铁路旁的小路往省艺校方向走去。路上刚好遇到就读大专时早我毕业两年的一位黔东南台江地区的师兄，他也正好带着学生去考试。闲聊中才知道每年参加考试的学生来自贵州省各地区，考生总人数高达一万多人，除了竞争激烈，参加考试的学生及带队老师的住宿也成了老大难问题，不提前预约的话，学校所在区域很难找到住所。而这样的情况我完全没有预料到，本打算到目的地后再找住所。听完后我自己捏了一把汗，人生地不熟的，天又黑了，带着学生去哪里找住所？找不到住所我们师生几人不是就要露宿街头啦？同行师兄也很是为我着急，好在后来想到了解决的办法，那位师兄说他一个学生已提前一天到考试学校预定了校内的学生宿舍，可以让我的学生和他学生两人一起挤一张单人小床，然后再给我也腾出一个床位来。如今回想，虽然过了很多年，我一直对那位善良的师兄心存感激。

孩子们也很争气，带出去的三名学生中有一名学生很快就收到了贵州省第二轻工业学校的录取通知书。在那个年代，学生能考上五年制大专，对于学生一家来说是天大的喜事。收到通知书后，学生家大摆酒席，宴请了所有亲戚朋友及全校教师到他们家庆贺！我们校长也理所当然地成了最重要的宴请嘉宾，亲自带领教师们前去赴宴。在后来的几年里，美术课外兴趣小组的部分学生陆续考取贵州省第二轻工业学校。而现在这些学生都工作得很好，有的成立了自己的公司，有的一直在从事设计类行业，收入也非常可观。感触最深的就是一名学生在外省任室内设计部门总监6年后，回到凯里市创业第一件事就是到学校来看望我。他激动地说："顾老师，我回来的第一件事就是来感谢您，如果当初没有跟着您学画画和受到您的启蒙，如今我也不知道会在哪里干苦力。"回来后这位学生就在凯里市自己创办了一家装修公司。很多时候，学生们进步了，有成就了，我就像他们的亲人一样比谁都高兴。

四、在实践探究中发展的课外兴趣小组

随着本地区中职招生的扩大化和高中部招生人数的增加，我校愿意报考贵州省五年制大专美术专业的学生越来越少。针对此情况，在后来的美术课外兴趣小组的指导中，我们开始以学习素描和色彩为主转变为多样画种的学习和探究，先后尝试过黑白吹塑纸版画、卡通线描类、农民画、剪纸、剪贴画等，能想到的我们都在尝试。当时在指导学生进行美术作品创作的教学实践中，也没有什么成熟的经验和突出的教学成

果，都是摸着石头过河，深一步浅一步地探索前行。随着学校新教学楼的建成，我们课外兴趣小组很幸运地拥有了一间十几平方米的活动场地，美术兴趣小组的学生人数也从当初的几人扩展到二十几人。没有画桌，我们就用学校食堂淘汰下来的用了好几十年的又脏又旧的实木方形餐桌。这些餐桌桌面腐烂脱皮，一层厚厚的油垢很难清洗干净。我和兴趣小组的学生毫不嫌弃，在中午和下午放学时间，忙乎了整整几天才洗刷掉桌子表面的部分污垢，兴高采烈地将之搬进美术室铺上旧报纸作为画桌用。

在那个年代，美术课外活动对于我们学校来说纯属可有可无，美术兴趣小组的事基本上无人问津。我虽然每天下午课余时间很辛苦地指导学生，但学校从来没有给我核算过一节课时量，更不会有专门的经费投入，当然也不能向学生收费购买相关的工具材料。因此美术兴趣小组的材料费大多是我独自承担，每个学年少则几百元，多则上千元，学校偶尔也会买点笔墨纸张。直到2018年，我们学校才开始把美术课外活动纳入教师个人工作量。

五、学校美术特色课程的形成

2010年，通过一个往届美术课外兴趣小组学生的推介，我第一次了解到金丝彩砂工艺画。金丝彩砂工艺画画面精美，色彩艳丽，装饰性极强，非常适合用来表现民族类题材的画面。由于作坊学费高昂，于是我就通过网络平台的相关教程学习金丝彩砂画的基本制作技法。之后就自己出资配齐相关的工具材料，利用活动课时间一边进行实地操作一边不断改进制作方法。师生通过一个学期的共同实践探究，熟练掌握了金丝彩砂画的制作技巧。学年结束时，我们完成了一批精美的彩砂画作品，并用廉价的现成旧画框进行装裱，在校园美术作品展示中得到了学校师生的一致好评。

2011年在美术教师技能大赛中，一个教师用纸浆画的形式完成的民族装饰画，其画面色彩鲜明，肌理效果具有一种独特美感。于是我也通过网络平台去更多地了解了纸浆画的各种知识和技法。当时并没有打算把纸浆画纳入我们课外活动的学习范围。但有一次局领导到我校指导工作时，提出让我们在学校内大量推广金丝彩砂画，当时我很为难，因为金丝彩砂画材料造价高，工艺要求也高，不便在学校内推广；如果是工具材料造价低廉的纸浆画，就很适合更多学生学习。校长听我这样说之后，就马上向局领导表态，让我把纸浆画在我们学校推广起来，并要求制作一批纸浆画作品和金丝彩砂画一起用来装点校园文化。局领导也要求一个学期后在我们校园里看到纸浆画和彩砂画的教学成果展示。接下来我就结合学校的实际情况，除了美术社团正常开展制作彩砂画和纸浆画以外，同时以实验班的形式在部分班级以分小组合作的方式学习彩砂画和纸浆画，由兴趣小组学生作为小组组长，以“老兵教新兵”的形式，负责指导本组学生，利用课余时间制作彩砂画和纸浆画。在师生的共同努力下，我们提前完成了学校安排的指标任务，一共完成了六十多幅纸浆画和彩砂画作品。制作完成的纸浆画和彩砂画作品主要用于打造学校展览室和装饰学校教学楼楼道。也就因为学校的彩砂画和纸浆画教学成果显著，我们学校成了黔东南州州级校园文化示范性学校之一，并获得州级校园文化评选一等奖。

为了提升学校美术特色文化，打造以民族民间美术为主的特色美术课程，我在2016年负责完成了学校民间蜡染、扎染项目的所有申报材料。材料上报后我们学校很快被州民宗委审批为民族文化（蜡染、扎染）项目学校。这样学校的民族民间美术不仅得到上级部门的大力支持，而且连续两年分别下拨了3万元的专项经费，解决了学校开展美术特色课程资金缺乏的难题。在民族民间美术特色课程项目的开展过程中，学校专款专用，配置了专门的蜡染扎染制作室、植物染工作坊、展览室等；还专门添置了一台缝纫机和一台锁边机用于缝制蜡染、扎染文创作品。蜡染、扎染教学的开展由我一人负责。在教学过程中，蜡染和扎染不仅在社团中开展，还结合学校实际情况，普及到班级教学中，让孩子们了解蜡染、扎染基础知识的同时，让更多的学生亲自体验蜡染、扎染的制作过程。而这一具有民族特色的校本课程的顺利实施，有效地促进了我校民族民间文化进校园工作的开展。

由于学生在蜡染、扎染学习过程中，会留下很多尺寸较小的蜡染和扎染习作，而这些小布片丢了很可惜，我和社团的孩子们就利用活动课时间把这些布片缝制成小布包、香囊、发圈、蓝染花卉如玫瑰花、郁金香等，并在校园内进行文创作品的义卖活动。2020学年至2022学年期间，每个学期义卖经费收入大概有500元至600元。而这些义卖经费，我们主要用于资助当地孤寡老人和慰问抗美援朝退伍老兵。美术社团和校团委一起，给孤寡老人家里送去粮油和现金，并帮助孤寡老人大扫除。除了资助孤寡老人，我们还拿出部分经费购买慰问品去看望万潮镇抗美援朝退伍老兵，为抗美援朝老兵唱红歌，帮助抗美援朝老兵家打扫卫生和干农活。在资助孤寡老人和慰问退伍老兵的过程中，社团孩子们感悟至深，一个孩子拉着退伍老兵的手反复叮嘱老兵爷爷要注意身体，说我们还会经常去看望老兵爷爷；一个孩子在资助孤寡老人回来的路上泪流满面，她激动地说老人家好可怜，今后她还将会抽空去老人家看望老人，并用自己部分零花钱力所能及地帮助老人。我想这样的活动，不用老师太多的言语，已经是最好的教育。

六、收获颇丰的我们依然很努力

26年来，从美术课外兴趣小组到美术社团，我们的课外活动从来就没有间断过。如今我们依然很努力。由我一名指导教师带领几十名学生，开展了素描、民族画、蜡染、扎染、油彩分离画、吹塑纸版画等课程的学习。其中九年级结合升学考试的需要，学生以学习素描为主。七八年级学生学习素描的同时还进行民族画、蜡染、扎染、油水分离画、吹塑纸版画等的学习和创作。近五年来，我们师生获奖近百次，孩子们的作品挂满了综合楼和展览室。虽然我们这所乡镇学校无论是教学楼还是校园环境都是比较简陋的，但我和孩子们的作品让校园充满了美、充满了文化、也充满了希望！

作为一所乡镇学校的美术教师，我在万潮中学一干就是26年。近年来，随着城镇化的推进和家长对优质教育资源需求的提升，很多家长都将孩子送到城市更好的学校去读书，我们学校的在校学生数呈日渐减少的趋势，而我也干不了几年就要退休，学校的未来又会怎样？这一切看起来似乎让人有些伤感。不过，我扪心自问，我在这所学校奉献了青春与激情，我的事业与理想或多或少也在这所学校得以实现。总之，我的这26年是值得的、是有意义的！在余下不多的教学生涯里，我会依然如故，倍加努力，不负学校、不负学生、不负自己。

我对教育这份职业满怀敬仰，对美术这个专业充满热爱。我愿用这份炽热的爱洒在每一堂美术课上，浸润在每一个孩子心里。我渴望让更多的学生感受到美术带来的乐趣。我希望，当我慢慢变老的时候，每一个努力的日子，都能成为美好的回忆。

——文峰

文锋，北京师范大学贵安新区附属学校美术高级教师，毕业于贵州师范大学美术学专业，贵州省中小学美术教学专业委员会常务理事、贵州省乡村名师工作室主持人、贵州省骨干教师、贵州省“空中黔课”指导专家，贵阳市基础教育创新型青年教师，曾参与人民美术出版社初中美术教材编写，执教的《大人国与小人国》入选中华人民共和国教育部“精品课”，曾获贵州省第六届优质课大赛一等奖、全国优质课比赛二等奖，多次辅导学生参加各项美术比赛获全国、省、市一等奖。

一名美术老师的寻梦之旅

◇北京师范大学贵安新区附属学校 文 锋

梦想从不怕被别人看见，在追逐梦想的道路上，欢乐无限。我生于农村，长于农村，是一名从农村学校起步踏上教育之路的美术老师。我对教育这份职业满怀敬仰，对美术这个专业充满热爱。我愿用这份炽热的爱洒在每一堂美术课上，浸润在每一个孩子心里。我渴望让更多的学生感受到美术带来的乐趣。我希望，当我慢慢变老的时候，每一个努力的日子，都能成为美好的回忆。

从教二十多年来，美术教育已经融入我的生命，我的生命因为美术教师这一身份而变得多姿多彩。这份精彩不仅源自成功，更源自成功之前的无数次失败与挑战。

如果要将这些年的经历分成阶段介绍的话，我会用“寻梦”“追梦”“筑梦”“守梦”“延梦”来概括。

一、寻梦——良师益友 结伴同行

我的故事得从2000年9月说起。那年我20岁，刚从师范学校美术专业毕业分配到一所离家很近的乡镇中学任初三年级的美术课，很多学生正是十五六岁的逆反期年龄。

记得上班的第一天，我早早来到教室。身高只有一米五五的我，站在讲台刚要开始上课，一名一米七几的男生姗姗来迟，身穿一套普蓝色西装，头发油亮油亮的。我不由得猜测起他的身份：是老师？学生？一边猜测，一边面带微笑地注视着他。没想到，他走到教室门口站定，恭敬地鞠躬行礼，喊了声“老师好！”我条件反射地礼貌回应：“你好，快请进。”他随即转身，礼貌而小心地关上了教室门。第二遍铃声响起，课堂正式拉开序幕。我微笑着环视在场的每一位学生，响亮地喊了声：“上课！”虽然在实习的时候早已反复演练过若干次，但这才是我真正踏上讲台的第一课，随着班长的一声“起立！”全班同学齐刷刷地站起来，恭敬问好。放眼看去，他们都比我高，一个个挺拔的身姿如同一棵棵松树。虽然忐忑，但我还是按照之前的准备，走到学生区域巡视一圈，这一走，更是感觉自己就像走在一片森林中的小矮人。我走回讲台，彬彬有礼地回礼，面带微笑说：“同学们好，请坐！”

课堂上，我展示了我的一些美术作品图片，又现场画了一幅自画像，在学生们的赞叹声中，我感觉自己成功吸引了他们的注意力。在我的鼓励下，他们尝试着为自己画一幅头像，整堂课充满了欢声笑语。“你看这张像谁？”“你猜猜我画的是谁”……随着“丁零零”的下课铃声响起，就这样，我结束了我的第一堂课。

课后，班主任问我学生课堂纪律如何，我说：“很好。”他惊讶地看着我说：“很好？一直以来上他们课的老师都说课堂纪律差！太难以置信了！”“也许，因为我是新老师吧？”“以前也有新老师被戏弄的。”“啊？”我诧异了。

后来，与学生越来越熟悉以后，我问他们：“是不是每堂课都像上美术课那样认真？”

他们羞涩地埋着头说：“不是。”

“为什么我的美术课从第一节你们就那么听话呢？”

不听不知道，一听吓一跳。他们说：“当时的每一个细节都是精心安排的：特意迟到的同学就是“号召员”，如果他用力关门，接下来就有若干的‘好戏’上台，如果他轻轻关门，就暗示要尊重这位老师。”

我把目光投向这位“号召员”说：“你是如何界定要不要演戏呢？”

他挠挠后脑勺调皮地说：“老师，实话告诉你吧，我们当时知道有美术老师啦，还是挺开心的，但还是想检测一下你会不会像其他老师那样瞧不起我们。”

我诧异：“瞧不起你们？”

“是的，好多老师都说我们班如何的差，但您站在讲台上，我向您问好后，您居然微笑地回我‘你好’，那是我第一次听到老师对我说‘你好’，也很少看到老师对我笑的。还有就是觉得您个子不高，不忍心让后面的‘好戏’上演，所以我才没有用力关门。”

“这么说来，我得感谢你们啦？”

“我只负责第一关，看老师对我们是否尊重，负责第二关的是他，他负责看老师上课的水平。”说完，他指向对面的另一位同学。

我顺着他指的方向看过去："你们还分工啦？说说你是如何评价我的？"

"我们商量的是先听两分钟，如果讲不到重点，或讲得不好，就集体请假上厕所。"

"后来为什么没请假？"

他傻傻地笑着说："您在展示您的作品的时候，我就觉得这些作品很美。我们之前没有美术老师，其实我也喜欢美术的，即使画不好，也想多了解一点。当你用流动的线条像变魔术一样的两三分钟就画出自己惟妙惟肖的头像时，我们可佩服了。于是我给同学们做了一个不准请假的手势，同时还加了个哑语'好好听'，我给力吧？"说完，他舌头一吐坐回了原位。

旁边的女同学补充说："这样好玩轻松又精彩的美术是我们期待的！"

经过这次谈心，我明白了，孩子们想要的好老师是眼中有光、心中有爱、专业扎实的人，让学生在充满爱与美的活动中得到成长的课才是受欢迎的课。于是我便以此为目标，开始了我的美术教育生涯。

时光匆匆，我还没来得及细思慢想，就已经过了5年。刚上班时带的学生，因为有美术这一特长，大都考上了中等师范学校、女子中专，并且踏上工作岗位。在那个年代，农村的学生有了"铁饭碗"，无疑是在改写着一个家庭的生活方式和命运。每当他们回来看望我时，看着他们充满快乐与活力，自信地畅谈着将来的打算，我由衷地感到所有的付出都是值得的。只要他们能成为有理想、有抱负的人，我愿意成为他们的良师益友，在追寻美的路上结伴同行。

二、追梦——成长路上 勇毅前行

2003年，因工作需要，我从中学调到了小学，每天看到朴实无华的小可爱们阳光灿烂的笑脸，我就感到无比幸福！做学生时能学自己喜欢的专业，毕业以后如愿从事倾心已久的工作，这种幸福是来之不易的。我暗暗在心里下定决心：要不忘初心，一生专注这份事业。

随着社会的进步、教育的发展，中等师范毕业的我发现自己的知识储备远远不够，于是我制订了专业学习的计划并立即行动。周围的同事，有的选择与自己所从事学科不相干的专业进修，有的选择缴费便宜的专业进修，有的选择容易拿到毕业证的专业进修。我不愿委曲求全，而是忠于自己的初心，毅然选择了当时最难的自学考试进修。每周五下午下班后，我便乘坐两个多小时的大巴车到贵州艺术学校参与周末班学习，有的时候错过末班车就只能第二天早晨五点起床，赶最早的早班车。妈妈总心疼地对我说："一定要注意身体哦。"我总是乐呵呵地回答："妈，放心，我是小强，坚强的强。"2年的时间里，我要么在赶车的路上，要么在赶考的路上。终于，星光不负赶路人、时光不负有心人，我顺利地取得了大专文凭。

知识就是力量。两年的大专学习让我结识了很多志同道合、一同上进的良师益友，这使我获益颇多。我越来越清楚地知道了学习对拓展生命宽度、提升生命价值的重要意义，我被艺术的魅力深深吸引，同时也意识到世界之大，还有太多的未知等着我们去探寻。于是，不知足的我又选择参加成人高考，考入贵州师范大学美术系学习。那段日子的学习中，我都把3岁的女儿带着去，老师也打趣地说：“你这可以哦，交一个人的学费，两个人学。”我只是笑笑说：“谢谢老师理解。”老师若有所思地说：“你们这年龄要学点东西不容易，家庭、孩子、工作……没有哪一件事是容易的。努力吧，越努力、越幸福；越努力、越优秀。加油！”说心里话，我害怕自己一生太短，来不及学得太多；我还害怕因自己知识储备匮乏而影响了学生的发展。所以，我牢牢记住了这句话，并且以此来鞭策自己勤奋努力，勇毅前行。

时间已然到了2010年，我怀着忐忑与不安、憧憬与期许的心情，从偏远的农村学校调到了城区学校。进入新学校，经常会有班主任对我说，某某学生听你的话，你帮我跟她谈谈。也有老师对我说：“我用美术课作为激发学生学习的动力，谁要是不听话、不认真，就取消上美术课的机会，这招屡试不爽。”这时，我总是开心地说：“庆幸我的美术课对你们的学科有帮助。”2013年，我因被评为贵阳市骨干教师而被派到深圳学习，有幸听了郭其俊校长的讲座，郭校长的话总会激励我不停地举手回答问题。会后，得了郭校长的著作《一流教师教什么》，他特意在扉页为我签了“行者无疆”，这几个字便一直伴我前行。我想向一流教师学习，也想成为“一流教师”。2017年，我被评为贵州省乡村名师工作室主持人，有幸到清华大学进行了为期三周的学习。期间听了钱志亮老师、吴正宪老师的课，课上一幕幕引人入胜的场景，一个个深入浅出、立意深刻而又简单易懂的提问，不光引导着学生探索，也让我思索：如何把这种教育无痕、润物无声的教学模式运用到自己的课堂中。这时我知道了什么叫“渺小”，什么叫“孤陋寡闻”，领悟到了“和智者同行，与高人为伍”的意义。

假期，总是我学习的好时机。一次，我带着上初一的女儿自费到北京参加赵建华老师的速写集训班。一次聊天的时候，老师问：“你是高中教师还是培训班的素描教师？”我说：“我是小学美术老师”。他停下手中的笔，看我一眼，笑笑说：“小学老师学那么多干嘛？来我这里学的差不多都是专攻高考美术的老师。”我也笑笑说：“我看到很多比我优秀的人，都比我更努力，这就是我努力提升专业能力的动力。”

我知道：最终使自己脱颖而出的不是机缘巧合，而是持之以恒的努力。追梦的路上，我要成为更好的自己。

三、筑梦——云开日出　绽放光彩

2021年的一天，我接到人民教育出版社一位美术编辑的电话，告知我校学生的几幅美术作品被选编入人民教育出版社新编写的小学美术教科书。这位编辑给我发过来入选作品的截图。这些作品分别是：黄诗语绘制的《太空漫步》、雄浚宇绘制的《我们是中国航天员》、卢森朗绘制的《飞向太空》。这一消息传来，全校师生沸腾了。

几个孩子得知自己的作品将会在教科书上与全国小朋友见面，欣喜若狂。当记者来采访的时候，卢森朗说：“我从小就有一个当宇航员的梦想！我想通过我的绘画，去呈现星空的美好与神奇！” 熊浚宇说：“我想像杨利伟叔叔那样，成为自豪的中国宇航员，到外太空去遨游。这次活动使我明白，最好的创作是源于心灵深处的真情实感。”黄诗语说：“我喜欢刮画的色彩斑斓和它随机带来的精彩，我们班同学都很喜欢美术课，在老师的培育下，我领会了绘画的奇妙。以后我要更加努力，画出更美好的画。”

从孩子们天真朴实的语言中，我想到雅思贝尔斯说的话：“教育的本质是一朵云推动另一朵云、一棵树摇动另一棵树、一个灵魂唤醒另一个灵魂。” 我愿推动那“一朵朵云”，让他们成为天空中最绚烂的色彩。

回忆当初组织学生参加全国第七届中小学生艺术展演时，我辅导的学生作品经省教育厅评选后推荐参加全国比赛。一天，省教育厅的老师微信告知：全国评奖结果出来了，快查查有你的学生没？我急切又犹豫地打开链接，我想能得全国二等奖就已经心满意足了，于是我从二等奖的名单逐一查看，却没有我学生的名字，这时我的心已经凉了一半，继续查看三等奖名单依然没有。于是我静静地回了几个字“没有我的学生，谢谢领导关心”。过了一会，微信聊天窗口弹出了截图，上面显示着我和我学生的名字，仔细一看：一等奖！我赶紧再次打开链接查看名单，确认无误，确实是！是我想都不敢想的全国一等奖。

这一路走来，孩子们总是给我惊喜不断。起初，他们获市级一等奖时，我认为是他们天真朴拙的画面打动评委们；他们获省级一等奖时，我觉得是他们天马行空的想象力吸引着评委；当他们获得连想都不敢想的全国一等奖时，我认为是对生活的热爱和文化自信之情跃然画面的原因。现在，他们的作品又被印刷在教科书上。孩子们一次又一次地创造这些“奇迹”，我想这既是美术核心素养在他们身上的具体体现，也是我作为他们的美术老师得到的最珍贵的回馈。在我教书的生涯中，常常会听到家长说：谢谢您总是给孩子参加活动的机会，谢谢您把我们的孩子教得这么优秀。但我想说：每个孩子都是夜空中最亮的星，我只是沾孩子们的光，与他们一起幸福成长。谢谢孩子们一直伴我左右。

何其有幸，我能一直沉浸在自己喜爱的职业和专业中，和学生一起构筑我们的美术梦。

四、守梦——守正创新　精钻细磨

2022年，《义务教育艺术课程标准（2022年版）》颁布实施，面对新课标提出的各种新理念、新要求，我有了更多的想法与挑战的冲动。我想尝试将自己近几年研究的“学生创意能力培养”的教学方法运用到课堂中。疫情期间，学校实行封控管理，校内的师生不能外出，校外的师生不准进校。我被封在家里，正在这时，花溪区美术教研员通知我录一节课参加“精品课”比赛，我欣然应允。可是挂了电话，我的心里七上八下，我该从何处入手呢？小区不能出，学校又不能回，我能录好这节课吗？当然，我不会选择放弃，而是迎难而上。面对困难而退却从来就不是我的选择！

选定课题后，我就按文件要求在网上购买各种所需器材，然后便是画场景图、做课件、录视频、写教案、写剧本……总之，导演、演员、剧务、录像师、灯光师，都是由我一人独揽，自编自导。真是忙得不亦乐乎！

清晨五点我便开始录示范视频。第一遍，居然没入镜，视频一片模糊；第二遍画面全被手挡住了；然后是第三遍、第四遍……直至深夜三点过。视频录好了，我又担起剪辑师的职务，一帧一秒地反复盯，盯到眼睛流泪，脖子也动不了。视频剪好了，需要多人配音，我先把台词写好，又赶紧联系学生家长，幸好家长很给力，不厌其烦地给予配合，我也一遍又一遍地录着我的台词。完成这些程序，终于到了音画合成这一步，又花了整整一天的时间。为了做出一种翻书的视频特效，我又花了很多时间在网上学习，但没有学会，于是又购买了很多相关软件的VIP功能。这期间的一天，我的手机莫名其妙地被停机了，我想都没想就赶紧充电话费，但还是无法使用，于是通过电信部门网上咨询，才知道原因是近期每天用手机进行朗读音视频录制超过500条，疑似诈骗。网上工作人员从后台调看我录制的内容后问：你是老师吗？我说是的，他问我为什么反反复复地录制，我回答他：因为我想看到更好的自己。经过身份验证后我的手机又继续工作啦。疫情封控结束的时候，可请录像师进行录制了，我却得了重感冒，整个录的过程，我是在一边擦鼻涕，一边补妆的过程中完成的。

我有一个习惯，每次比赛或公开课之前，我都会邀请不同性格、不同职业的家人一起看我录的初稿，再一一说出他们的想法。这次也不例外。

教初中数学的姐夫说：我觉得那里需要更专业地引导一下，否则会误认为创意就是胡思乱想哦。在供电局上班的妹妹说：要是多一些微笑就好啦。七十多岁的妈妈说：我觉得语速要慢一点才听得清楚。五岁的小侄女说：二姨我喜欢很多人在西蓝花下玩的那里，最喜欢你画的那个人在口罩上玩滑板车，他的滑板车和我的一样。我家那位严谨固执的先生说：有两句话说得太专业，我听不懂，能不能把它转换成我听得懂的？

我总会把我的家人们当成班上不同层次的学生，梳理整改意见。富有想象力的小侄女既看得懂又喜欢的部分经常就是课的亮点，我会使它更凸显。我常把做纪检工作的先生当成班上的“学困生”，特别重视他的意见，只要是他听不明白或看不懂的地方我都会不厌其烦地修改，直到他一听就懂，一看就会为止。因为只有这样才能更好地突出本堂课的重点，轻松地突破难点。我把每位家人的意见、想法汇总，寻找解决问题的方法，又重录了一次。

当我看到省级公示报送全国的名单中有我的课时，心里暗想，这次录课是对我这些年教学理念的检测，如果入选教育部“精品课”那就证明我一直探索的“学生创意能力培养”的教学方法是有效并得到认可的，如果没入选，那就证明我的方法有待改进。2023年3月，教育部公布了“精品课”的名单，我欣喜地看到了我录制的《大人国与小人国》在名单中。此课同时也在全国基础教育平台在线公开播放。这时，录像师打电话来恭喜，我说是要谢谢您才对，他却幽默地说：你太敬业了，要求又高，但我也愿意配合做，因为我骄傲，成了录制全国精品课的金牌录像师。

回忆这次活动，从接到通知到交作品，总共7天，这7天我就瘦了7斤，因通宵达旦地熬夜，脸上长了很多痘痘。每每想起这些，我总开心地安慰自己：痘印是挑灯夜战的证据，瘦是努力的奖赏，皱纹是岁月的痕迹，我与它们和平共处。我的一位好友说：你之所以能取得这样的成绩，主要是因为这二十几年你都在重复地做一件简单的事，不同的只是你在不停地思考、探索、钻研而已。我也认同这一说法，确实，我就是把一节节美术课日复一日、年复一年地重复着上，在重复的过程中守正创新，精钻细磨而已。

五、延梦——路在脚下，梦在远方

近期，应邀到某区县给美术教师做培训。会后，有的老师问：文老师，你教了那么多年的书，声音怎么还那么好听？有的老师问：你的字怎么那么美？也有的问：你的举止怎么那么优雅？我可以加你微信做好友吗？我笑笑说：你们刚才说的这些优点，曾经都是我的短板，由短板变为优势，都是为了弥补自己的不足而下苦功夫练习的结果。

先说普通话吧，我是农村长大的孩子，我以前说的普通话不太好，自己听了都会忍不住笑。我请音乐老师教我发音的方法，又下载专门训练普通话的软件进行练习和测试。

至于字嘛，我认为美术老师的写、说、画，是上好美术课的敲门砖，也是美术老师的必修课。我们都知道没有所谓的天赋异禀，其实都是百炼成钢，所有光鲜亮丽的背后，都洒满了辛勤的汗水。

当我写到这里的时候，不禁惊讶：我居然已经教了23年的书？怎么那么快？我刚上班第一天的情景都还历历在目！先生在一旁打趣道：因为你觉得教书是幸福的，才会觉得时间过得很快。是啊，幸福的时光总是过得很快。为了这种幸福，我愿做一名顺应学生生命规律、促进学生健康成长的美术教育践行者，向美而生，为梦前行。

当美术教师是我最初的梦，当好美术教师是我一生的梦。

——张小丽

张小丽，2012年毕业于贵州师范大学美术学院，现为安顺市经济技术开发区幺铺中学美术一级教师，安顺市乡村教学名师，贵州省初中美术张小丽乡村名师工作室主持人，安顺市美术家协会会员，安顺市书法家协会会员。

在磨炼中成长
——我的乡村美术教师之路

◇安顺市经济技术开发区幺铺中学 张小丽

每个人内心都会对自己的未来有所期盼，而高师毕业的我，最大的期盼就是能成为一名美术老师。如果有可能，我希望自己能成为一名专职的、受人尊敬的美术教师。然而，对于我来说，要成为一名优秀的专职美术教师，有太多的坎坷，还有太长的路要走。

一、为成为美术教师而“为”

那是在2012年9月的第一天，我怀揣着一颗激动而忐忑的心走上了安顺市开发区一所乡村小学的三尺讲台。据说我是这所学校近五年来唯一的一名专业美术教师。当时心中窃喜，我应该能好好地做一名专职美术教师吧！可是现实总是事与愿违，由于学校师资紧张，除了担任美术教学工作，我还担任着一年级的班主任兼语文老师。这一上就是6年，在这6年里，说实话，我是不开心的，甚至多次想离职。因为学校为了抓教学质量，一个劲地磨炼我的语文教学能力，让我参加大大小小的各种语文学科的培训、教研，平时校长还轮番随时进课堂听课，所以每天加班备课到凌晨都是常事。在这样高强度的环境下，我虽不快乐，但是教师最基本的职业道德，最起码的责任心我是有的。因为每天走进教室，看见这一群还未绽放的花骨朵儿，是那么的可爱，一双双渴求知识的大眼睛盯着我，我“沦陷”了。为了这一群可爱的孩子，高师美术专业毕业的我毅然肩负起了语文教师的使命，一心扎进语文教学，向老教师学习，一点点地进步，从“a、o、e”到“横、撇、竖、捺”，一点一滴地慢慢学、慢慢教，在当年的学业成绩检测中竟然还获得不错的名次。

也许是校长看到了我的努力，所以在新学期的一个傍晚，同事都已经下班，我还在办公室备课，校长突然来到我身前，语重心长地对我说：像你们这样的“副科”不好竞职竞岗，为了将来的发展，建议你转评语文职称……

那一晚我辗转反侧，久久不能入眠，因为“副科”“转评语文职称”这些词一直在我的脑海里盘旋。这不禁让我开始思考，对呀，我是一名美术教师呢！来到学校我还没上过一节美术课，难道美术教师的命运就该如此？难道美术学科真的一无是处？回忆我自身的成长，曾经的我是一个早恋、调皮、叛逆的女孩子，因为遇见美术，是它让我的人生发生了转变，不仅让我考上了大学，还让我从一个调皮的女孩子变成了现如今积极向上的张老师。所以，作为一个学美术的受益人，我深知兴趣的培养会对一个人的发展起着非常重要的作用。我绝不放弃做一名美术教师的梦想。

第二天，我毅然跑到校长办公室，告诉校长：我喜欢画画，更喜欢做美术老师，语文我会好好教，但美术我也不会放弃，请校长多给我安排几个班的美术课吧！校长说：你初教语文，还是花更多心思研究一下语文教学，暂时给你安排本班的美术吧！一开始，我以为自己能在语文及美术教学之间自由转换，我太过高估了自己，慢慢地我发现，这本来就是一个“陷阱”，因为语文教学是需要花大量的时间来读读、写写。更何况我所面对的是低年级的学生，作为班主任的我不仅要教授他们语文知识，更是要教会他们更多的行为习惯，每天的时间根本不够用，久而久之美术课已经慢慢地变成了语文课。可是，有一天，在美术课上我习惯性地拿起语文书开始准备给同学们上《荷叶圆圆》这篇文章，一个小女孩怯怯地说：张老师，您能给我们上一节美术课吗？我喜欢画画。这时全班同学都跟着喊起来，上美术、上美术……那好吧！今天就教你们画荷叶，荷叶是什么形状的呢？你们先来翻开语文书第十三课，看谁能从课文当中找到答案。过一会儿，全班同学异口同声地说：是圆圆的，学生一边说我一边画，接着我一边读课文，一边画出了小水珠、小蜻蜓、小青蛙、小鱼儿……突然教室里响起了热烈的掌声，孩子们大声地呼喊起来：张老师你是“大画家”吗？画得太好了！还没等我说话，同学们看着黑板上的画就把课文全部读了出来，接着迫不及待地拿出了从未动过的美术本静悄悄地开始作画，我也默默地放下了语文书，静静地看着他们创作。不一会儿，同学们一个个争先恐后地把画完的作品给我批改，兴高采烈地拿着自己的作品到处展示。一瞬间，整个教室里充满了欢乐。一节酷似美术课的语文课，就这样在同学们的欢声笑语中结束了。但是，同学们脸上的笑容一直在我的脑海里难以忘怀。因为，我发现他们是多么喜欢画画，画画真的能让他们快乐。或许我该做点什么了？到第二学期，我再次跟学校领导申请，给我一个年级安排一节美术课，并保证在不影响语文教学的情况下也上好美术课。

这一年开始，我一边上语文课，一边研究着美术教学，还开设了美术兴趣小组。为了能够提高我自己的美术教学能力，每学期汇报课我也跟领导申请上美术课。只是从未上过美术课的我，每一次汇报课都会花上很长的时间准备，因为那时并没有一名真正的美术教师教我如何去上美术课。网上针对美术教学的视频也少之又少，我一个人单枪匹马、一知半解地摸索着，勉强知道美术教学中导入、新授、示范、欣赏、创作、作品点评等几个基本步骤。渐渐地，我也尝试着参加美术方面的比赛，辅导学生、微课比赛、论文比赛、说课、优质录像课比赛等。每一次比赛我都不放过，但是每一次名次都不理想，不过从比赛中我也逐渐发现自己的不足，也认识了很多同行。在与他们的交谈中我才知道每年都会有很多关于美术的培训。为什么我从来没有参加过呢？或许还没有轮到我吧！一次偶然的机会，在区里举行的学生绘画比赛中，我指导的学生获得特等奖，被邀请参加现场领奖，也是通过这一次活动，区教研员知道了某某小学有一名美术教师叫张小丽，在第二学年，我获得前往福建参加这6年来人生中的第一次全国性美术学科培训的机会。此时我才恍然醒悟，如果你要想获得更多的学习、发展机会，那么你就要首先努力让自己变得更加优秀。

我非常珍惜这次千载难逢的机会，所以每一天的课程我都积极参与并做好笔记。尽管同行人告诉我厦门鼓浪屿风景很美，可以逃课前去玩一玩，但我从未动心。这次培训让我学到很多专业知识和美术方面的教育教学方法。特别是在听厦门市海沧中学连爱芳老师上的九年级的《实用美观的生活用品》这堂课时，我受益良多。我发现连老师的课没有一句多余的话，完全根据教学目标、重难点，一点点地引导学生去发现问题、解决问题。在课堂上，连老师只是一位引导者，指引学生走出层层迷雾。课后在与连老师交流的过程中，我问连老师是如何做到能把一堂课理解得如此透彻，我们该如何挖掘隐藏在图片文字后面的重要知识点？连老师说：你这个问题提得很好，首先，我们要立足于教材，更要认真解读教参（也就是教师用书）；其次，一堂课的设计要以课程背景为基石、教学目标为方向，确定重点、找准难点将是这堂课的关键；最后根据本节课的目标、重难点去选择能够帮助学生理解知识的图片。教学活动的设计要有助于帮助学生解决这些问题，解决的方法越是简单明了越好，不要搞太多的新花样。简短的几句话，让我如醍醐灌顶。直到现在连老师的教诲一直是我教学中最受用的方法。

这次培训还让我开阔了眼界，通过观摩各所优秀学校，我才知道原来美术课可以作为学校特色课程来发展。在参观厦门二中时，我被他们兴趣班的教学器材所震撼。厦门二中以摄影作为学校的特色课程，因此学校花费了上百万打造了专业的摄影棚，配备的相机都是几万甚至到几十万的专业设备。当我在羡慕这些美术教师的同时也在不停地向他们抱怨自己的处境。这时摄影兴趣班的夏老师说，10年前我成立这个摄影兴趣班的时候，是什么都没有的，那个时候我自己掏钱，自己准备器材进行授课，是因为我的喜爱与坚持，我指导的学生拍摄的摄影作品多次获奖。学生的作品已经成为校园里一道美丽的风景线。渐渐地，上级部门及学校才开始重视起来，这才给我们购买了器材。所以夏老师说道：你要想有“位”，那必须先有“为”。听到这句话，我瞬间恍然大悟，是的，我要想成为一名专职的美术教师，那么我就要先去展现美术强大的功能，让美术在学校里开出花、结出果，展现美术独有的魅力，让更多的人看到美术教师的作用，让学生知道他们的字典里不应该只有语、数、外，而是需要三原色的“调和”人生才会更加丰富多彩。

二、坚持中得来的梦想成真

一边研究语文课一边上美术课的这个过程是艰辛的，加之结婚生子，时间与精力实在有限，有一段时间我曾放弃了自己的美术教育之路，不想再管，不想再挣扎，一心想扑在语文教学上争取更好的排名。在繁忙的教学事务中，我感觉自己与美术渐行渐远。我不开心，我开始困惑：我到底需要什么？难道我就这样放弃吗？我不甘心，一次偶然的机会，我听说我现在所在的中学急需一名美术教师，我坐不住了，马上写好简历，单枪匹马地跑到了幺铺中学校长办公室，给校长说明了我的想法。校长看了我的简历后非常满意，让我回去等消息，这一等就是半年。2018年9月初，我接到了教育局领导的电话，领导说从我的简历及获奖情况来看，相信我能够胜任初中美术教学，让我正式到幺铺中学任教美术教师。那一刻我看到窗外的花开得格外鲜艳、阳光格外温暖，我知道我的梦想终于要实现了……

新的征程，新的开始。第一天去幺铺中学报到，看到课表，我开心极了，因为课表上排满了15节美术课，在别人看来很累，而我却乐在其中，因为这是我期盼了6年的梦想。我真的当上了一名专职的美术教师了！

因为我之前一直上的是小学美术课程，对初中美术教学的内容、要求、方法等方面还是未知的，所以一切都要从零开始。我翻阅了大量的书籍，通过研读《义务教育美术课程标准》《初中美术教学策略》《初中美术优秀教学设计》等书籍，我了解到了学生主动参与自主学习的重要性，以及以学生为主体的教学理念，我的课堂也不再是以往的“填鸭式”教学。2018年是信息技术与学科融合的盛行时期，结合课标，我尝试着将信息技术与美术学科进行融合，设计了丰富多彩的课堂活动。通过实践和改进，我的课堂教学质量得到了显著提升。也是通过利用信息技术与美术学科进行融合，我的微课《徒手画树》荣获省级一等奖。初尝“甜头”，我的信心倍增。第二年我就开始大胆地录课参加“一师一优课”“贵州移动‘和校园’杯”等比赛，也取得了不错的成绩。七年级课题《我喜欢的动漫形象》在“一师一优课”比赛评比中荣获市级二等奖，七年级课题《找寻历史的踪迹》在移动“和校园”杯中荣获市级一等奖的好成绩。也就是在这一年，我获得了安顺市乡村名师的荣誉称号。同年，我也提交了申请贵州省初中美术张小丽乡村名师工作室的资料。

要想成为一名优秀的美术教师，美术专业的基本技能是必备条件。来到幺铺中学，学校除了让我上美术课，还给我提供了一个非常好的展现自我的平台。因为这里有乡村少年宫。但是由于缺乏教师，没能好好利用起来。少年宫在美术方面的专业器材非常齐全。我来了以后，就一边上着学校课程表上的美术课，一边利用中午时间教授学生画一些素描。一开始我是彷徨的，因为多年未提笔，素描早已忘得一干二净，所以我就没日没夜地练习素描。从最基本的石膏几何、水果静物画起，就这样一边学一边教。在这一过程中，我发现有这么一群学生成绩不是很好，靠文化成绩是考不上高中的，最终都会走向就读中职的道路。但是他们非常喜欢画画，我就鼓励他们走艺考这条路。因为当时只要专业入围，文化成绩要求可以降低100分，从那以后我每天中午都会利用课余时间给他们辅导素描、水粉。在我的指导与鼓励下，他们找到了自己的闪光点，一发不可收拾地爱上了画画。中午画、下午放学画、晚上也来画，他们通过不断的努力，在来年的高中艺术招生考试中，他们专业成绩都入围了。这下激发了他们的学习信心，懂得一心一意地学习，不再像以前那样逃课、睡觉。功夫不负有心人，中考过后他们都考进了高中，并在高中坚持学习画画。在2021年高考中有2名同学考上了二本学校，一名同学居然被我曾经梦寐以求的四川美术学院录取。当收到他们喜讯时，我真正地感受到作为美术教师的幸福与骄傲。

为了能够丰富学生的课余生活，我希望幺铺中学的学生也能像厦门二中的学生一样，徜徉在丰富多彩的美育活动中。虽然他们是一个团队，而我只有一个人，但我相信一个人也能像一支队伍，所以从2018年开始，我自学剪纸，又拜师学习了书法、工笔画。2019年初在不同的时间段又开设剪纸、工笔画、素描3个兴趣班，并担任了15节美术课。那一段时间虽然很累，但是我很满足，因为我真的很喜欢当美术老师，喜欢教同学们画画。做着自己喜欢的事情，我累并快乐着。我也一直谨记着厦门二中夏老师的教诲“要想有‘位’，要先有‘为’”，所以我开始打造我们学校的乡村少年宫，指导学生创作出了很多美术作品，挂满了我们整个教学楼。当我看到学生们站在那些作品前欣赏时，作为美术教师的我笑了。因为美术作品已然成为学校里的一道美丽风景线，给校园里增添了一丝不一样的色彩。同时我还积极地带领学生们参加各种比赛，2021年和2022年，因为我们的比赛获奖颇丰，我们学校获得了安顺市优秀乡村少年宫学校荣誉称号，同年我也获评了安顺市优秀少年宫辅导员。

三、新的工作和新的高度

2020年初，我在肚子里迎来新生命的同时，也收到了“贵州省初中美术张小丽乡村名师工作室”评审通过的通知。真是一边喜来一边忧，因为我担心自己不能承担起如此重的担子。按照成立工作室的流程，应该是对主持人进行培训之后才能成立工作室，但因疫情，不能开展培训，所以上级部门让所有第五批的主持人自行筹备开展活动。我当时真是一筹莫展，到处打听学习。我先是找到了第四批小学美术工作室主持人杨文艳老师咨询，杨老师耐心地教我如何筹备成立工作室。最后得知西秀区教研室有一位非常厉害的中小学美术专职教研员——孙艳梅老师，我就邀请孙老师担任工作室的顾问。孙老师从工作室的成员筛选、工作室的理念定位、三年计划方案等各个方面都给我提出了宝贵的意见。在孙老师的引领帮助下，我在身怀六甲之时顺利举行了开班挂牌仪式。这也预示着工作室的正式成立，我将带领着来自不同县区的二十多名中小学美术教师，开展美术教育教学方面的很多活动。为了能够让工作室起到引领示范作用，我与学员进行交流，从他们口中得知他们现在的处境与我3年前一样，也是非常希望能参加关于美术的教研活动或美术方面的技能培训。有了方向我不再彷徨，既然有了这个平台，我就应该好好利用工作室给各位教师创造更多的学习机会。虽然不能像国培那般精彩，但至少每一次活动都能让所有教师有所收获。

提升工作室老师的教学能力，让参与工作室活动的老师都有所收获，这一直是工作室开展活动的初衷。所以工作室成立以来，每一次活动我都根据当下的美术教育教学要求作为主题开展活动，授课教师们也根据主题认真备课。但是大多数美术教师在学校都没能专职上美术课，对美术教学研究也是少之又少。为了能够提高他们的教学能力，每一次活动我都会让工作室成员给上课老师进行指导、磨课，保证活动当天的质量。记得在2022年6月的一次主题研修活动中，我让来自普定的一所乡村小学的美术教师刘小敏上一节学员汇报课。刘老师担心地对我说：张老师，我从上班以来就上着数学课，从来没上过美术，也没上过这种公开课，我怕上不好。我说：没事，我们有一个团队呢！我们帮你，加油！我先是让刘老师自己解读教材，明确目标、重难点。接着从如何导入、学生如何展示等每一个环节都与刘老师一起商讨设计。在课成型之初，我先去学校听了一遍，由于刘老师第一次上公开课，有点紧张，所以教学过程稍显混乱，我让她再用其他班多上几遍，下周我们再来听。这一次我让工作室成员再次和我一道去给刘老师磨课。这一次刘老师的课有了很大的进步，教学过程流畅，环节过渡自然，语言表述也不再磕磕绊绊。课后，刘老师笑着说：多上几遍好像就不会紧张了。另一个成员说：好课都是磨出来的，大家都笑了。活动当天，刘老师自信、大方地做了一回美术教师，在同学们的欢声笑语中结束了课堂。评课环节，她说：很感谢张老师给我们大家搭建这个平台，让我上了人生中最成功的一节美术课，做美术老师的感觉真好！短短的几句话，对我来说是莫大的鼓励，看到老师们有进步，我真的很开心。同时我也告诉学员们，一定不要忘记自己是美术教师，不管别人怎么称呼我们为“副科”，美术在我们这里就是主科，我们要用心对待。

通过工作室的这个平台，各位成员、学员在教育教学方面得到了快速成长。其中有4人晋升高级教师职称、3人晋升一级教师职称，获市级骨干教师1人、区级骨干教师2人，部分学员在省、市、区优质课和微课等比赛中获得了一等奖。也是通过这个平台的搭建，促使我不断地去学习和进步，所以在2021年我获得了贵州省网络空间与应用优质课堂比赛省级一等奖、贵州省第五届微课比赛二等奖的好成绩。

四、未来的路还很漫长

回忆我这一路走来的点点滴滴，我总觉得我的成长和取得的一点点成绩，与我在乡村小学6年任教的磨炼息息相关。在那6年里，由于参加各种语文教研活动，听了很多优秀语文教师的课，也听过很多专家的评课，久而久之让我知道了一堂好课呈现的过程及方法。加之领导的严格要求，让我能够不断地去了解和学习新事物。从希沃软件运用到喀秋莎视频剪辑，从小范围的公开课到每年的各种比赛，在这些实践过程中，我对学校美术教育的性质及特性、对课程改革的一些新思想、新理念，都得到了更深的理解和运用，专业素养也得到了提升。我把那6年学习到的各种方法、技能用到我的美术教学中后，也取得了一定的成效。因此我还是很感谢风雷小学及各位领导对我的鞭策与栽培。同时我也想告诉那些正在经受磨炼的年轻教师，不要灰心、不要气馁，更不要放弃，因为有了这些磨炼，才会让你的羽翼更加丰满，你才能飞得更高更远！

在参与孙艳梅老师主持的省级课题《新美育时代下初中美术与地方民间美术融合创新的实践研究》的过程中，我深受启发，作为一名优秀的美术教师，不能止步于课堂，更应该扎根于优秀的本土文化中，让家乡优秀的传统文化得以传承与发展。所以我将借助我校乡村少年宫这个平台，将幺铺镇的布依族“藤甲”文化融入课堂。通过学习藤编，提升学生的动手能力，让他们感受到本土文化的魅力。今后我将在传承和发展家乡优秀传统文化的这条道路上继续前行，为传承创新本土文化献出自己的一份力量。路虽远行则将至，事虽难做则必成。我将带领着工作室成员和学员迎接新的挑战，一直奋勇前行。

作为一名美术教师，“三尺讲台”是我们根基所在；“教书育人”是我们职责所赋；“为人师表”是我们道德之束。我们要有“吾日三省吾身”的意识，更要有“道阻且长，行则将至”的决心。只有明确人生方向，树立成长目标，把平凡事情坚持做，简单事情认真做，才能生机勃勃地成长为最好的自己！

——邹华伟

邹华伟，贵州省赤水市人，美术高级教师，赤水市文华学校业务副校长。系贵州省“十一五”首批省级骨干教师、市级教学名师、遵义市第二批名师工作室主持人、赤水市首批十大名师、市美术家协会会员、市科技教育协会会员、市美术教学研究会会员、赤水市美术家协会理事。从事美术教学24年，其间历任赤水市官渡小学教研主任、赤水市石堡学校业务副校长、赤水市文华学校党支部副书记兼业务副校长等职。先后被授予遵义市名师工作室“优秀主持人”、赤水市“教育名师”“优秀校长”“优秀党务工作者”和“优秀培训者”等荣誉称号。

美由心生　向美而行
——我的乡村美术教师成长心路

◇ 赤水市文华学校　邹华伟

2022年新颁布的《义务教育艺术课程标准（2022年版）》指出："义务教育艺术课程要以立德树人为根本任务，培育和践行社会主义核心价值观，着力加强社会主义先进文化、革命文化、中华优秀传统文化的教育，坚持以美育人、以美化人、以美润心、以美培元。"在生活中，我们每时每刻都在感受着美、享受着美，美就是我们生活中的一部分，社会是美的、自然是美的、学校是美的、教育是美的、成长是美的……在我的乡村教育教学生涯中，正是由于我心中有着对美的向往与憧憬，我才会将"向美而行"作为自己的教育教学的最高境界。尽管这是一场艰难的历程，但我一直在这条路上努力前行。

一、 我的思想启蒙

我很幸运出生在一个教师之家，我的父亲是一名普通的民办教师。虽然我们一直生活在边远的大山里，但父亲自小就对我和弟弟要求严格，倘有犯错，在进行思想教育的同时，也必定要吃一顿“黄金棍儿”。他经常对我们讲：“从小要学好，笨鸟要先飞。”1996年，我顺利考上遵义师范后，父亲对我的严厉要求也未减半分。他说：“教育是良心事儿，不能误人子弟，让人背后戳脊梁骨……”父亲的谆谆教诲时常在我的耳边回荡。在他的教育和影响下，我和弟弟都成了光荣的人民教师。

父亲严厉的教导和母亲勤劳的身影一直伴随着我的成长，也润物无声地在我心灵中种下了一颗“美”的种子，鼓励和引导着我一步一个脚印地走到了今天。这也让我深刻体会到一个“美”的家庭，对孩子的成长影响有多么深远。

二、 我的求学之路

记得刚进入师范那会儿，专业不好且内向自卑的我，一时兴起跑去学习吹竹笛，未曾想这一“怪异”决定却让我登上了人生中第一次“大舞台”。教授竹笛的是田老师，他在学校“一二·九”活动中编排了一个节目，只掌握基本指法的我，居然被田老师“强行”要求上台和音乐专业的师姐师哥们一起演出。当时我忐忑万分，惶恐迟疑，久久不敢答应。田老师看出了我的不自信与担心，对我说道：“华伟，你就是当南郭先生，滥竽充数也必须站到舞台上去！”还顺手递给了我一盘竹笛演奏磁带，让我多听多练。接过磁带后，我的内心五味杂陈，我知道，这是田老师对我的鼓励、认可。为了不辜负他的重望，于是我走路听、吃饭听、画画听、睡觉听……当时的我无法理解田老师良苦用心，如今回思过往，才发现自从有了那次“滥竽充数”的经历后，我的自信心增强了，胆子变大了……这些潜移默化的改变，无形中汇聚成了我成长的“奠基石”。这也让我感受到，一位“美”的老师对学生成长有多么重要。

2014年10月，我有幸被组织选派到北京市立新学校挂职学习，并在这里与立新学校校长曾军良先生结缘，得到了他诸多的指导和帮助。在聆听了他《学会创造自己的卓越人生》《创办有特色的名校》和《创造中国基础教育新品牌》等专题讲座后，我对教育有了新的认识，对学校管理有了新的体会和感悟。曾校长当时对我说，“当教师出现学科‘傲慢’时，正是自己需要学习之时。”这句话一直鞭策着我、激励着我、提醒着我，要时刻保持谦虚的态度，做到学而不厌、诲人不倦。与曾军良先生的结缘，也让我明白了一位“美”的校长，对一所学校的影响是巨大的。

三、 我的奋斗青春

1999年9月，带着对未来教师职业生涯的憧憬，历经三个多小时蜿蜒盘旋的山路颠簸，我踏进了距赤水市区72公里的官渡小学大门，开启了“美的教育”之旅。我期待在这趟长途旅行中，和孩子们一起相伴相长、尽享沿途美景，共同畅游在“美”的世界里，体验成为“神笔马良”的幸福。

提升课堂教学能力，助力学生成长成才，是老师立身之本、立德之根。在正式成为美术老师之前，我没有上过一节完整的美术课，更谈不上教学经验，如何让自己尽快立足课堂、站稳脚跟，成为我当时的首要任务。那时候，我每学期主动准备一节美术课，邀请学校经验丰富、教学卓越的老师们现场指导。每次课后，我都会根据老师们提出的意见建议，进行教学方案的优化调整，并再次呈现课堂。如此周而复始，不断对这堂课进行打磨，同时也是对自己心性、毅力和思维的打磨。在这个过程中，有机械重复的枯燥，有抓耳挠腮的思考，也有情绪崩溃的愤怒，但当我看到通过一次次课堂教学不断改进，孩子们能真正融入课堂，做到学有所思、学有所悟、学有所获时，我也沉浸在这份“教有所幸”的喜悦中。

作为一名教师，在站稳课堂的同时，还要敢于立足课堂创新，只有这样才能够得到更多的锻炼，得到更好的成长。2002年，正是多媒体设备和电脑逐步走进乡村学校的时候。当时，我们学校也争取到了一台二手投影机，安装了远程教育设备，于是我开始大胆尝试运用PPT辅助教学。还记得我第一次尝试使用后，何俊校长竟然通知全校老师来参加课后交流讨论。他说，这次PPT应用辅助教学开了学校教学历史的先河，是一次教学改革的大胆尝试，值得大家深入思考和研讨。后来，在学校的大力支持下，我组建了“课件制作小组”，为教学需要的老师们收集资料、编辑视频、制作精美的PPT、指导大家如何使用等。在团队的共同努力下，学校有十余位老师运用PPT辅助教学，获得了市县级优质课第一、二等奖。

子曰：“三人行，则必有我师”。为了拓宽自己的眼界，丰富课堂教学经验，我还经常参加语文、数学、英语等各学科的课堂教学研讨活动，从其他优秀教师的身上学习不同的教学方法和经验。通过不断的坚持和努力，最终我收获了一个个荣誉和一张张证书。这些荣誉和证书，是我成长路上的加油站，鞭策着我一路向前。

“不能误人子弟，让人背后戳脊梁骨。”父亲的话时常回荡在我耳边，作为一名艺术生，怎样打破“木桶效应”，不误人子弟？我想，唯有不断学习和努力提升自己的专业能力。于是，我开启了“摆地摊”之旅。

还记得刚入职那会，我经常在放学后背上画夹，带上颜料和洗笔的桶，到学校附近的老街上去写生。最初，大家都不知道我是做什么的，很多赶集的人还以为我在摆地摊卖东西。经过一段时间后，人们才知道，原来学校新来了一位“画家”老师。

为了营造良好的美术学习氛围，我向学校申请购买了几块木工板，利用每年的“六一”和“元旦”，组织开展书画展览或比赛，将自己的写生作业和孩子们的作品粘贴在木工板上，用“摆地摊”的方式，向大家展示我们的学习成果。教学时，如果恰逢学生生日，我会现场为他画一幅画作为生日礼物，这样做既拉近了我和孩子们的距离，还锤炼了自己的“基本功”。渐渐地，孩子们越来越喜欢我的美术课，常常会在上课前跑来接我、帮我拿东西，有时还会在上课前集体高呼“图画”“图画”……这一声声的呼喊，让我感受到了作为一名美术老师的幸福。

“态度决定高度，思路决定出路”。一路成长的经历告诉我：教师除了要加强理论学习和认真工作，还要多为他人着想，培养自己的奉献精神，提升大局意识，只有这样才能更好地和大家一起成长。为了突破自我，我又踏上了“校长”之路。

在官渡小学任教的15年期间，我先后担任综合教研组长四年半，教研主任9年，13年的管理工作，既是磨砺，也是成长，让我积累了较为丰富的课堂教学经验和教研业务管理经验，为自己后来顺利竞聘成为赤水市石堡学校业务副校长、赤水市文华学校业务副校长奠定了坚实的基础。在几所学校任职期间，我都尽力利用自己所学美术专业知识，积极参与学校的校园文化建设。2次招考竞聘和两次岗位变更的经历，让我的综合素质得到了很大提升，也收获了更多的幸福，这不仅拓宽了我的教育视野，更坚定了我继续努力奋斗的信心。

“只要思想不滑坡，办法总比困难多”。我认为，要想解决问题，就要先研究问题，于是我踏上了“课题研究”之路。

记得那是2004年的时候，学校将英语、信息技术、音乐、体育、美术、自然、社会等学科整合为综合教研组，并由我担任组长，还给我们安排了一间专用办公室。在第一次“联合办公”时，老师们居然都在发同样的“牢骚”：学生为什么不喜欢上我的课……经过全组老师的反复讨论，大家一致认为课堂吸引力不够，我们应该想办法改变这种现状。于是，“如何激发学生自觉主动参与课堂教学活动”成了我们综合组共同面对的问题。经过一段时间的研究讨论和思想碰撞后，我们找到综合学科的共通点和学生发展的共性点，决定从“CAI辅助教学”“学科整合式教学”“师生互动式教学”和“游戏式教学”四个方向开展教学实践，提升学生的学习兴趣，使他们能够积极主动参与课堂教学活动。经过一年多的教学实践探索，学生参与学习的自觉性和主动性明显增强，喜欢老师和各学科的程度也明显提高。老师们感觉上课变轻松了，也经常出现一群学生跑到办公室门口接老师上课的现象……这段经历不仅让我积累了很多解决问题的经验，也为自己成功申报和主持完成省、市、县级课题奠定了基础。因此，我也想说："解决问题即是研究。"

美术是"豆芽科"，这是当时农村学校家长们的普遍认识。为了改变家长们的观念，提升学生对美的认知，促进学生综合素质能力提升，我开启了"以美化人"的探寻之路。

2000年，在经学校批准后，我组建了官渡小学历史上第一个课外美术兴趣小组（现在叫社团），并利用课余休息时间义务给孩子们进行辅导。记得当时有一个剪着短发的小女生来报名参加了美术社团，她非常喜欢画画，也很有天赋，可惜，来参加一次后就再也没出现了。后来我专门去找到她，问她是不是不喜欢画画了？她眼泪一下就流出来了，顿时我就发现可能另有隐情。经过深入交流后才发现，原来她的父母常年在外打工，她从小就和外公外婆住在一起，当外公知道她来参加了美术社团后，就对她说："画画会耽误学习，影响成绩，学了也没用……"因此，不允许她再来画画。了解到这个情况后，我的内心好像被电击了一样，感到非常难受；于是我又问她，如果外公同意让你继续来画画，你愿意来吗？她毫不犹豫地直点头。后来，我就利用赶集和她外公"约会"，在经过反复交流沟通后，外公终于松口了，同意她暂时来参加美术社团的活动，但如果成绩下降，就立马停止。我将这一好消息和我与外公的约定告诉她后，她说：“邹老师，您放心吧！我一定会更加努力学习的。”后来她多次获得省、市、县级绘画比赛一、二等奖，小学毕业时，还以优异的成绩还考入了北京的清华大学附中。（注：当时北京的清华大学附中为支援革命老区发展，每年给赤水2个学费、生活费全免的名额）

为了让更多乡村的孩子们也能体验美术课的魅力，接受到美的熏陶，我轮流到几所乡村小学给孩子们上美术课。记得有位一年级的小女生，在听完我的美术课后，硬是哭闹着，直接从村小转学到了我的学校。后来她成了兴趣小组的绘画高手，作品多次获省、市、县级奖。她曾对我说：“邹老师，谢谢您！是您启发了我，让我找到了人生的方向。”现如今她也成了一名优秀的幼儿园老师。我想，这就是美育的魅力。经过多年的坚持和努力，我所在学校学生的绘画能力得到提升的同时，家长思想观念也得到了较大转变，校园的美术氛围也愈发浓郁，为此，教育局曾先后两次组织全市中小学美术老师到学校观摩学习。

子曰：“己欲立而立人，己欲达而达人。”一个人可以走得很快，一群人才能走得更远，为了更好地促进自我成长，我又踏上了“美团”（即“美术名师工作室”）之路。

在学校里，我坚持参与观课议课，组建磨课团队和课件制作小组等，让老师们分享自己的教学和成长经验，与大家一起成长。2018年，我被评为市级小学美术名师工作室主持人，组建了赤水第一个市级“美团”。2019年，我与贵州省乡村名师工作室主持人高绍静一起，联合“教育部领航工程潘彬美术名师工作室”等8个省、市级名师工作室，组建了贵州省首个“美术名师联盟共同体”，为“美团”搭建更好的学习交流平台。在大家的关心、帮助和共同努力下，我工作室的汪媛、刘孝燕等多位“美团”成员获得市级美术优质课和基本功比赛一等奖，突破了赤水在市级美术优质课上一等奖“零”的历史。

“写一辈子教案不一定能成为名师，写三年教学反思则可能成为名师”。这是华东师范大学叶澜教授曾经说过的一句话。所以，为了不断提升自己，我还开启了“作家”之路。

我把自己平时的教学实践、教学思考等进行整理提炼，形成交流材料、培训讲稿和案例论文等。经过多年的学习成长，我的论文《“基本功”——美术教师的“打门锤”》《信息技术环境下促进学生美术创新能力提高的实践研究》等十余篇论文获省市级一、二等奖，《农村小学美术教育初探——美术兴趣培养的五个突破口》在江西美术出版社出版的赣版美术实验教材刊物《实验视点》上发表，还二十余次承担培训主讲或经验交流发言。

四、结语

回首过往，转眼间我在美术教育这个岗位上已走过整整24个春秋。在这过程中，我感受了幸福、收获了成长、体验了艰难，更无悔选择。我在这24年的教育教学生涯中获得的最大感悟是：作为一名美术教师，“三尺讲台”是我们根基所在；“教书育人”是我们职责所赋；“为人师表”是我们道德之束。我们要有“吾日三省吾身”的意识，更要有“道阻且长，行则将至”的决心。只有明确人生方向，树立成长目标，把平凡事情坚持做，简单事情认真做，才能生机勃勃地成长为最好的自己。

第四篇

全能型的『中师生』

在这本书里介绍的23名教师中，实际上大多数都有过“中师生”的经历。虽然他们后来都通过各种渠道完成了大学本科学业并取得相应的学历，提升了自身专业素养和能力，并在各自的教育教学岗位上多有建树，为一方学校美术教育教学做出了卓越的贡献。但许多老师在讲述中都谈到，真正为他们的美术教育教学工作及专业素养涂上浓重底色的，正是他们作为“中师生”的学习成长经历及教学实践经历。为什么他们会有这样的感悟？为什么他们对“中师生”这个身份情有独钟？为什么说“中师生”的学习经历和教学实践经历对他们的成长具有奠基作用？要知道这一切，就有必要对我国中等师范教育的历史沿革有所了解。

中国的师范教育始于1897年，当时的南洋公学率先招收师范生，设立了师范院，这是中国近代最早的新型师范学校，标志着中国师范教育的开始。而中等师范教育则是始于1902年在江苏通州创办的私立通州师范学校。之后全国各地陆陆续续都兴办起许多中等师范学校。

中华人民共和国成立后，中等师范教育得到普及和发展，为中国的小学教育培养了大量的教学教师，充实了小学教育的师资资源。“文革”期间，师范教育遭受严重破坏，导致中小学校特别是农村小学师资的严重短缺，直接影响了基础教育的正常发展。“文革”结束后，为了快速走出人才凋零、教育断层的困境，为解决全国中小学师资奇缺，导致教学质量难以保证的问题，教育部于1978年10月出台了《关于加强和发展师范教育的意见》，标志着中师教育正式进入了教育改革新征程。1983年，教育部在《关于1983年中等师范学校招生工作的通知》中明确要求，各地师范学校要招收政治思想进步、品德良好、学习成绩优秀、身体健康、志愿献身小学教育事业、年龄不超过18周岁的初中毕业生。自此，中师生以初中毕业生为生源的政策被确定下来。在改革开放的前20年，国家通过中等师范教育培养了数以百万计的合格毕业生。这些中师毕业生扎根中国广大的城乡小学，潜心教学，将自己的青春和毕生精力奉献给教育事业，培养出一代又一代的人才，为我国的科学文化社会事业做出了不可磨灭的贡献。直到21世纪初，随着社会的发展和教育条件的改善，对小学教师学历要求也有所提高，中等师范教育才渐渐退出历史舞台，而“中师生”也成为中国基础教育在特殊历史阶段的一个符号。

在今天，可能年轻一代教师和学生已不知“中师生”是什么含义，这个特别的词也渐渐淡出了人们的视野。但作为中国20世纪八九十年代改革开放初期的中等师范教育，它有着特殊的意义。这段时期培养出来的中等师范生（简称中师生），在中国中小学教育特别是乡村小学教育领域做出了重大的贡献，形成了独具特色的“中师生精神”。贵州的“中师生”，乃至这本书作者中曾经的“中师生”，同样具有这种值得我们去研究、总结和传承的精神。

献身教育的情怀。中师生从进入师范学校的那天起，即把热爱和从事中小学教育事业，为国家培养和输送人才的信念融入心中。正是因有了这样的信念，中师生才会树立起将自己的青春和毕生精力奉献给教育事业的敬业精神和奉献情怀。几十年来，大量的中师生毕业后奔赴中国的城镇、农村学校。他们恪守信念，敬业爱岗，尽职尽责，把人生最美好的青春年华奉献给了当地的中小学教育。他们的这种无私奉献，为中国基础教育发展特别是农村中小学教育发展奠定了坚实基础，更为广大农村的家庭和孩子播下了希望的种子。在中国特色社会主义新时代的今天，在教育强国、教育均衡发展及乡村教育振兴的新型教育目标要求下，中师生的这种敬业、奉献精神是尤其需要我们去领悟和学习的。

艰苦奋斗的精神。当年的中师生大都来自农村，他们的父母或是农民，或是乡镇中小学教师。总体上看，他们家庭的经济条件较差，这也是他们放弃普通高中，选择中等师范学校的人生发展之路的原因之一。因为他们想通过自己的努力和奋斗，尽早自立，能养活自己，能帮补家庭，能成为对社会有用的人。所以他们选择了考读中等师范学校这条路。他们从学校毕业时，也就18岁至20岁的年纪，以今天的眼光看，他们都还是要在父母跟前撒娇，需要得到呵护的孩子。但在当时特殊的社会背景下，在基础教育迫切的需求下，他们刚从学校毕业，就要奔赴农村小学，承担起教书育人的重任。这对于身心都尚未完全成熟、尚需家人照顾的孩子来说，这个担子实在是过于沉重。乡村生活、乡村学校的种种艰难困苦，更使得这个担子重上加重。而正是这些弱冠之年的少男少女，凭借着在贫困生活中磨练出来的坚强意志和单纯而坚定的教育信念，在条件艰难的乡村教育实践中克服重重困难，撑起了中国农村小学的一片天！可以说，没有他们扎根农村小学教育，没有他们所奠定的农村小学教育基础，后来的“普及九年制义务教育”，实现“两基”乃至中国基础教育的迅猛发展，都会被按下延时键。而本书中介绍的许多名师，都曾是这批“中师生"中的一员。他们大多是"一旦为师，终生为师"，将一生无怨无悔地奉献给了贵州的基础教育事业。对他们为贵州基础教育、农村小学教育和美术教育所做出的贡献，对他们这种坚守信念，艰苦奋斗的精神，我们应心怀谢意和敬意。他们所体现的这种精神，也是中国基础教育优秀传统的一部分，值得今天的教师去研究和传承发展。

"一专多能"的能力。中等师范学校的办学任务，就是以培养合格的小学教师特别是农村小学教师为主要目标。这就决定了中师生在学校接受的是"全科式"的教育，要求他们能一专多能，全学科、全方位都能得到发展。因此，中师的课程设置包含了教育学课程、心理学课程、教师口语、书法、小学语文教材教法、小学数学教材教法、小学科学教材教法、语文、数学、英语、物理、化学、生物、思想政治、历史、地理、体育、音乐、美术、技术（信息技术、通用技术、劳动技术）、电教基础等。另外还有选修课程、教育实践、课外活动组织等。通过这些课程的学习，中师生的各学科基础知识技能、教师专业素养、综合能力诸方面都打下了扎实的基础。一旦进入学校，他们琴、棋、书、画，随手拈来；语、数、史、地，皆可胜任。可谓"十八般武艺样样精通"。过去，在贵州偏远山区的一些乡村简易小学或教学点，有时就是"一校一师"。到这里任教的中师毕业生，除了要包揽所有学科课程的教学外，还身兼校长、教务和其他日常杂务。 中师生就是凭借着这种优秀的素质，在学校成了"全能型教师"，这也是他们被称为"中国最优秀的一代教师"的一个重要原因。这样的教师往往也特别受学生们的喜爱。放眼今天，虽然新入职的中小学教师大都具备了大学本科或高等师范本科以上的学历，其专业知识功底也远比过去的中师生扎实，但由于在大学期间过于专注于本学科专业知识技能的系统性，忽视了作为中小学教师“一专多能”能力和实践上的训练，加之在价值取向上尚未将从教作为自己理想的职业生涯，所以他们在成为中小学教师后，除了本学科教学外，对其他学科几乎是空白，态度也较为漠然。而作为中小学日常开展的各种课外活动的组织者，以及学校一些常规工作的管理者，他们更是难以胜任。当今一些具有高学历的教师与过去中师生在教育情怀、敬业精神、综合能力等方面，为什么会形成这种巨大的反差？我们的师范教育在今天失去了什么？需要弥补什么？这些都是我们应该深思的！

奋起直追的勇气。虽然中师生具有献身教育的崇高情怀和一专多能的优势，但由于历史、时代等因素的限制，他们在文化知识、专业能力上存在着不可避免的不足和短板。正因为这些短板和不足，激发了他们原发的内生动力。所以他们大都有一股不甘落后、奋起直追的勇气。“知不足而奋进，望远山而力行。”为了适应教育改革发展的需要，为了提升自身综合素养和教学专业能力，一方面，他们通过自考、夜校、电大、函授等方式，提升学历，提升自我；另一方面，他们在教育教学实践中主动积极地展开探索与尝试，不断提高自身教学能力，促进学科教学质量提升。通过长达十年、二十年的坚持，他们终于化茧成蝶，焕发新生，成为地方、学校、学科教学的骨干和精英，成为学科教学、教研的引领者和专家。本书中许多曾有过中师生经历的名师，也都是通过这种方式成长起来的。他们的这种勇气、这种奋斗精神，不仅仅是成就了他们自身的发展，也深深地影响和激励了他们的学生，使得教师与学生之间并不只是学科知识教与学的关系，更是人文精神、价值观念相互影响的关系，而这恰好是实现教书育人目标最好的方式之一。

“中师生精神”当然不仅限于上面介绍的这四个方面，中师生们在数十年的人生磨砺和教育教学实践中所积累的实战经验，所创造的精神财富，自然远不是寥寥数千字能道尽。所以，我们希望读者能通过对本书中曾经的中师生们叙事的阅读与思考，能够得到更多的领悟和启迪。

兰　岗

有梦，就要去追寻。一个真正的美术教育工作者，一定是敢于追逐梦想的人。而在追逐美术教育梦想的人群中，一定有我！

——杨文艳

杨文艳，中共党员，美术高级教师，现任安顺市教科所教研员。曾获贵州省“五一”劳动奖章、贵州省“三八”红旗手、贵州省骨干教师、贵州省乡村名师、贵州省远程教育先进工作者、安顺市“五一”劳动奖章、安顺市“十佳”校长、安顺市优秀教师、安顺市优秀专业技术人才等荣誉称号，曾获安顺市第四届小学美术优质课一等奖、安顺市第五届小学美术优质课一等奖、贵州省教科院教育教学论文评选一等奖、二等奖等奖项。获各类指导教师奖十余次，多次担任各类教学大赛评委。教学论文曾发表于《现代教育报》《初中生辅导》等报刊、主持完成市级人才课题1项，参与市级课题1项。

从文字到美术
——我的美术教育之路

◇ 安顺市教育科学研究所 杨文艳

当我满心想要表达此刻我作为一名美术教研员的幸福之时，我还是忍不住想与你分享在我还没有走进美术教育之前的这段教育历程。它定是我走进美术教育生涯中不可缺少的部分。我想告诉你，在我成为美术教师之前，我是一个真正专业的语文教师。很多人总会说我是一个教语文的美术教师，也可以说我是一个教美术的语文教师。直到2023年1月，我才真正成了美术教育领域内的一名专职教研员。这是一段漫长的旅途，一路上的欢愉或是沮丧，收获还是挫折，我都愿意与你分享。

一、我的教育引路人

教师这份职业，于我而言，是一种很自然的延续和传承。我的父亲就是一名山村教师。那时，父亲既是教师，又是农民。农忙季节，父亲扛犁头、披蓑衣，上坡种地、下田插秧。走上讲台，幽默风趣，神采飞扬。他身着中山装，口袋别钢笔，在乡村教室凹凸不平的黑板上，写下一个个方方正正的中国字。从我进入一年级的那一刻起，父亲就成了我的老师，也成了我的偶像。小学的时候，音乐课本中有一首歌曲叫作《每当我走过老师的窗前》。其中有一句歌词是："今天深夜啊灯光仍在亮，呕心沥血您在写教材，高大的身影映在您窗上。"那时候，我唱起这首歌曲时，内心充满了自豪。因为在很多时候，当我晚上醒来时，父亲都还在煤油灯下写教案、刻蜡纸、批改作业。所以，我觉得，这首歌曲，就是写我父亲的。

父亲还是个爱书之人，家里那些陈旧的甚至没有封面的书籍，都是他的宝贝。上坡下田回来，洗洗手，就坐在院子的大楸树下看书。小学堂里的孩子们，是父亲的最爱。他常在家中翻箱倒柜，搜寻那些宝贝，用箩筐背到教室里，把一本本书分发给学生，给他们讲《水浒》、说《三国》、话《西游》、诵唐诗、吟宋词。人生中的第一本书，就是父亲在我四岁时为我订阅的《幼儿智力世界》。渐渐长大，父亲给我的书越来越丰富。让我在贵州贫瘠的大山深处，通过阅读看到了外面更广阔的世界。当我放学背着竹篓打猪草时，我会爬上高高的大山，向着远山，憧憬着长大以后的世界。父亲带领我们看到了大山以外更美好的世界，他的学生中有许多也成了老师。我学着父亲读书的样子慢慢长大，培养了课堂上学不到的生命的底气。这些"课外加餐"，不仅让我从乡镇中学考取了师范，也让我成为一名像他一样的乡村教师。

如果说一个人最幸福的事情就是从事他最喜爱的工作，

那我一定是这个幸福的人。我爱教师这份职业，从小就爱，从未改变。10年前，在朋友们的一致怂恿下，我参加了县里面的公务员考试，居然入选了。面对改行和提拔的机会，我的内心犹豫而又彷徨，我舍不得离开讲台，但又觉得这是人生职业的一个重要转折，整整一个星期我都下不了决心。我决定去寻求父亲的指点，他没有丝毫的犹豫，就对我说：“我就希望你一辈子做老师，当老师，多好，你说呢？”就这样，我安心下来，24年来在教育路上初心不改。我想，在那些物质和精神都极度匮乏的岁月里，我的父亲坚持在大山深处，为山村的孩子点亮生命的灯火，成为照亮乡村教育的那一道光，是多么的不容易。而我，在这样一个美好的时代，有什么理由，不去为教育倾力奉献呢？

从小，我就喜欢语文。我喜欢阅读、喜欢写字，喜欢在语文课上带领孩子们品读语言文字带来的无穷韵味。我想，父亲说得也有道理，此生，我就做一个优秀的语文老师，就足够了。关于美术，真没有想过要与之携手共行。不是不想，是不敢去想。艺术，离我有些远。但是，有时候，你与某一种事物的缘分，就是那样的奇妙。你越是淡然地以为与它无缘，它却越是会要出现在你的生命之中。比如，我与美术的相遇，就这么奇妙。

二、相遇美术

如果要说起我与美术教育真正的结缘，准确的时间应该是在2006年的春天。那时候的我，是一名从教7年的小学语文教师，带领着我的学生，在语言文字的世界和阅读的快乐中，寻找属于一名语文教师的价值所在。我在语文教师专业成长的路上，经过7年的磨砺，已经快要成熟起来了。我成了一名语文骨干教师，成为同行和家长认可的语文教师。人生就是这样，很多的缘分，在不经意之间这样奇妙。当我行走在语文专业成长路上时，美术教育却就这样与我不期而遇了，甚至，它改变了我专业追寻的方向和梦想。我相信缘分，我遵从于与美术教育的未了之缘。我愿意坚定地行走在小学美术教育的路上，收获艺术带来的美好和生命的绚丽。

2006年的4月，全县小学美术优质课开赛，作为学校最年轻的教师，在整个学校都没有一名专业美术教师的情况下，我懵懵懂懂地为学校扛下了参加县级比赛的任务。我把美术课本找来，选了三年级的《昆虫世界》。因为这个内容属于手工制作，对于女老师来说，不用太多的美术专业知识，应该能完成教学任务。为了能够上好这堂课，我请教了县城学校的廖晓峰老师和龚昌伟老师，他们是贵州省美术家协会会员，廖老师擅长油画，龚老师擅长国画。从教学设计到教具制作，两位老师给予了我很大的帮助。在那一次的县级比赛中，我很幸运地获得了全县第一名，并代表县里参加市级比赛。虽然安顺市教科所的领导和老师们一直关心、指导着我，但在省级比赛中还是仅获得三等奖。

学，然后知不足；教，然后知困。通过这一次省赛，我经历了一场关于艺术的盛宴。无论是课堂教学的组织，还是老师们的美术技能，都让我为之惊叹。我看见自己作为一名语文教师在执教美术教学中，因为自身专业不同而给美术课堂所带来的局限性。想拓展的内容不敢拓展，只能拘泥于自己预先确定的教学设计中，过度关注如何把问题讲清楚讲明白，忽略了对学生的引导和指导。比赛结束后，再次回到了学校，又继续开始了我的语文教师的工作。好像比赛后的豪情壮志又开始慢慢消退了。每天，又继续在语言文字的品读中，带领着孩子们遨游在语文的乐园中。我始终觉得，我就是个语文老师，我无法跨界，去做好一名美术教师。我觉得语文和美术相比而言，我还是更适合做语文教师。其实，当时这样想，只是为自己美术专业的缺失而找的借口罢了。

2010年，全省美术优质课评选又拉开了帷幕。按照从学校到县到市逐层选拔的原则，我居然在这一届初赛中，一路夺冠，再次参加了省美术优质课比赛。这一次比赛，是在安龙县举行，赛课地点是在当时的安龙师范。这一次参赛，没有了5年前的淡定从容，在听了前面两个选手的课之后，我内心压力异常加大，回到酒店，就不停地反复修改自己的课件和教具。我能明显地感受到，这一届的参赛选手技艺超群、气势逼人，而我，似乎要被吞没在这样高手如云的洪流中。最终我的成绩还是不甚理想，仍以三等奖的结果结束了这次比赛。还记得执教结束后，有一项活动是说课，我第一次看见了兰岗老师。兰老师那时一头的长发充满艺术气息，他笑着问我：“你是语文老师吧？”我当时心里面想，真的是太厉害了，居然一眼就瞅出我是语文老师。兰老师说，从课堂上可以看到我的教学语言很不错，组织能力也很好，但是，在教学中发现涉及专业的一些问题还是很欠缺。兰老师给我剖析了课堂存在的问题，也向我提出希望。他觉得，我是有做好美术老师的潜能的，只要我愿意努力。是的，兰老师讲得太实在。时隔13年，我依然清楚记得当初这一次对话时兰老师说话的神情。这一次对话，对我影响很大。我心里暗暗发誓，我一定会学好美术，一定会做好一名美术教师的。

安龙之行，遇见了全省的优秀老师们。我在与老师们一周的学习交流中，在对教学设计的反思中，在一次次的观摩课中，对美术课堂产生了浓厚的兴趣。在日后的美术教学实践和探寻中，我感受到艺术之美对于学生和我的人生，都具有极大的吸引力和向心力，特别是自己和学生在美术学习中，在美术的体验和实践中获得了审美快乐、收获了作品成果，那种幸福感，是自己在之前的语文教学中从未感受到的。于是，像着迷一样，我在网络上观摩了很多的名师课堂，之后就自己在课余拿起画笔开始学习绘画。

三、牵手美术

读师范的时候，我也是学了点美术基础知识的。二十多年前的师范生，课程内容设置很是丰富，除了学习必备的基础文化知识和教育学心理学以外，对艺术教育的基本功要求也是很严格的。但那时候的我却对钢琴情有独钟，课余的选修加课时间基本都用来练琴了。美术的课业基本只是以完成任务为主。那时，虽然作业有些粗糙和笨拙，但也还算是积累了一点基础。

我想，既然兰老师都觉得我可以成为一名美术教师，那我首先得把自己的基本功夯实。于是我就从基础的素描开始。暑假期间，我与那些备战艺术高考的学生一起封闭在偌大的画室里画画。由于气温很高，每次上完课都是汗流浃背。其实我也可以选择一位老师，一对一地学习，但成年人不够自律，总是会让学习断断续续。我选择与高中生一起“备考”，就是想弥补我学生时代所落下的课业罢了。那段时光，是很难熬的，但最终还是熬下来了。能熬下来，是因为看得见自己的作品在时间的积淀中渐渐完善、成熟；能熬下来，要感谢培训老师的鼓励和严格的要求。虽然，我离艺术修行的道路还很远，但我起码能拥有一点美术的基本功，回到美术的课堂上，心不会那么慌，也不会那么空了。

就这样，我的专业技术职称变成了美术，我重新考取了小学美术教师资格证，重新读了美术教育的函授本科。我开始了全新的转变，成了一名真正的美术教师。近几年还被评为美术高级教师，成为贵州省小学美术乡村名师工作室主持人，成为安顺市美术教研员。我与美术，在最美好的年华相遇，我是幸福的。

四、工作室的收获

我还想和大家分享我的工作室。作为小学美术乡村名师工作室，更多的责任和担当，是致力于乡村美术教育的发展，是致力于乡村美术教师的成长。

对于学美术的教师来说，估计更大优势在于用画笔来表达自己的情感。词人黄庭坚说“三日不读书，便觉语言无味，面目可憎”，对于日日在讲台侃侃而谈、滔滔不绝之人，尤其是美术教师，若不常读书，无鲜活的语言轮换，当真是只会埋头画画了。工作室从第一批学员组建开始，就开启了系列读书活动。除了研读美术理论、教育理论名著外，我们还认真研读《义务教育美术课程标准（2011年版）》《义务教育艺术课程标准（2022年版）》，认真撰写读书笔记，开展读书笔记展示交流活动。我带领工作室的成员参加了省、市各类美术教育教学的交流、观摩、培训活动。通过这些学习活动，让老师们更清晰地认识到，一个教师的立身之本是什么，也让大家看见了自己在专业化成长的道路上该怎样走。只有在课堂上锤炼自己的教学基本功，在课外练好艺术功，才能成长为一名优秀的美术教师。我们开展了“造型·表现”领域的赛课，开设了书法沙龙，学员定期在一起学习书法和国画。开展了数字化资源辅助美术教学送课下乡活动，我执教的三年级《有趣的生肖邮票》，为山村学校的老师们在专业美术教师缺乏的条件下如何利用好数字资源，提供了很好的示范引领作用，得到了领导的肯定和好评。

工作室为普定县教科局承担了全县书法教师培训活动，邀请书法名家为老师们进行培训，培训人次达到了八百余人。工作室针对学员在专业成长方面存在的困难和问题，邀请安顺市教科所相关专家为学员们举办各种专题讲座。工作室还先后承担了普定县第七届小学美术优质课赛事工作和安顺市第七届小学美术优质课赛事工作，与平坝县名师工作室开展教研交流，到补郎小学开展“新媒体新技术与学科融合”等教研活动。通过开展这些大量的听课、评课、交流学习等活动，使工作室青年教师的师德修养和教学业务素质得到了不同程度的提高。

我常说，我属于草根美术教师，但我能够为众多的专业美术教师搭建更多的平台，促成他们的进步和成长，这是我的幸运，也是我的幸福！

五、逐梦美术教育

2018年，我在担任普定县第四小学校长期间，重点主抓的学校美育工作在全县起到了很好的辐射和带动作用。我创新改革社团的活动时间和方式，将每周五下午设为艺术社团大集合时间，在学校率先开展了美术大课，解决了学校美术专业教师缺乏的问题。每次美术大课，由一名专业美术教师执教，非专业美术教师组织学生参与学习，教师也要跟随一起学习。一年以后，非专业的老师逐渐开始能够担任低段美术教学。

为了更好地落实省里关于民族民间文化进校园，做好优秀传统文化保护传承教育的工作，我聘请了普定县的非物质文化遗产传承人到校园开展蜡染和刺绣的教学。近几年来，得益于国家“双减”政策的落地和课后延时服务的开展，为校本课程的实施提供了更充裕的时间和更广阔的平台。而我们开发的民族民间美术校本课程，从一开始的“散装式”教学内容，发展到循序渐进的体系化教学内容，再发展到有着更多文化底蕴依托的校本课程，这些发展都离不开民间美术艺人对我们的支持，离不开老师们的辛勤付出，更离不开家长们的信任。当我看见孩子们的作品从最初简单模仿纹样，到能自觉运用新思维与传统文化相碰撞而创造出具有时代特性的美术作品，不禁感叹：美术教育对人的审美能力和创造性思维培养确实是有着重要的作用！

2023年，因为工作需要，我从一名校长转型为一名专职的美术教研员。在市级教科所的平台上，我的美术教育梦想，也许在此时能得到更好的追逐。有梦，就要去追寻。一个真正的美术教育工作者，一定是敢于追逐梦想的人。而在追逐美术教育梦想的人群中，一定有我！

我一直把王崧舟教授说的那段话当成座右铭：好课的境界有三种，第一种佳境：人在课中，课在人中；第二种佳境：人如其课，课如其人；第三种佳境：人即是课，课即是人。境界越高，课的痕迹越淡，终至无痕，课的最高境界乃是“无课”。

——张宇

张宇，中共党员，贵州省遵义市第四初级中学美术高级教师。从事专职美术教学23年，贵州省中小学美术教育专业委员会理事，遵义市美术骨干教师。2013年获遵义市第五届美术优质课大赛一等奖，2014年获贵州省第五届美术优质课大赛二等奖，2015年获遵义市第二届美术基本功大赛一等奖，2017年获遵义市第六届美术优质课大赛一等奖，2018年获贵州省第六届美术优质课大赛一等奖。曾主持或参与市、区级美术科研课题5项。

化茧成蝶　向阳而生

——我的美术教师成长之路

◇遵义市第四初级中学　张　宇

回顾这二十多年的教学生涯，我扎根于美术教学一线讲台，一直走在追逐美术“理想课堂”的路上。多少次蜗行摸索，成败得失虽已是过往，却烙印在心底，成为我成长经历最美好的记忆。今虽距离真正的“名师”遥相万里，但初心不改，心怀梦想，砥砺前行。蓦然回首，写下一路风雨泥泞与灿烂风景。

一、始于乡村的教师生涯

2000年，19岁的我从中师毕业，怀揣教育梦想，分配到遵义县新舟镇乡下偏远学校教书。那是一所仅有两百多个孩子、占地不足两亩的乡村小学，6个年级6个班，教学条件极端艰苦。从镇上每天去教书的乡村小路很远，雨天总是一路的泥泞。学校老师实行包班制，我既是班主任，又担任语文、科学、道德法制、音乐、体育、美术等科目的教学老师，还兼任学校少先队辅导员，那时的中师生被称为“万金油”全能型老师，什么课都必须能上。

那些农村艰苦地区的孩子，在我去以前从来没有上过美术课，我是村小仅有的10名教师中唯一学过画画的老师，于是美术课成了孩子们感觉新鲜且特别期待的课。那时虽然没有教材，学生也仅有图画本、铅笔、钢笔等简单绘画工具，但朴素的孩子们真心很喜欢，每一堂美术课都上得很开心。现在回想，那时顶多教孩子画点简笔画之类的图形，真算不上正儿八经的美术课教学。有时也带领孩子们到操场画一画学校的小树林，村小门口的田野和劳作的农民也是我们笔下的描绘对象。而语文、历史、科学等学科的广泛涉猎，全方面的磨砺与积淀、语言表达能力的锤炼，为我后来立足于三尺讲台成为合格老师奠定了坚实的基础。难忘的农村教书经历是很多师范生独有的依稀记忆。后来那所村小被解散并合并到镇上，我被调入乡镇中学，因为美术学科极度缺乏老师，我就成了一名真正的专职美术教师。

刚走上中学美术课的讲台时，我深知自己起点太低，且进修的专科文凭是汉语言文学专业，很多中学老师都是遵义师专毕业的专科生，他们的美术专业基本功相比中师生要强很多，我需要付出更多的努力接受继续教育。时至新世纪之初，我国基础教育迎来课程改革时代。在这改革的大潮中，我既得力于自身发展的内在需求，又幸运于学校给予我多次外出学习培训的机会，还得益于很多前辈及授业恩师常常给予我专业指导。所有这些，都对我这名年轻美术教师专业能力的提升产生了很大的影响，也使我对中小学美术教育教学这份职业逐渐加深了认知。

2002年底，我有幸参加遵义县的美术优质课大赛，那是我人生中第一次站上美术优质课比赛的讲台并在比赛中获得一等奖。或许正是这第一次一等奖的鼓励，从此，我与美术优质课结下不解之缘。在这二十多年的教学历程中，是一次又一次优质课大赛磨炼我、促使我不断学习成长，向前发展。所谓“教育即生长”这句话非常适用于年轻教师。回想20年前的那次比赛，我还没有形成完整的“课程观”或“教学观”，不过是我的多媒体运用比较娴熟，教案设计相对完整，幻灯片做得较精美，现场示范画较流畅，教学环节相对清楚，仅此而已。那个时代我对一堂美术“好课”的认知尚处于幼稚、萌芽状态。

二、在求索中蹒跚前行

2004年一个偶然机会，我获得去贵州师范大学美术学院脱产学习深造的机会，中师生终于圆了大学梦。在校两年的时间，美术学专业让我广泛涉猎各项专业技能。在高校老师的引领下，我系统地学习了素描、油画、设计学、摄影学等课程，专业技术能力得到提高，从美术理论和技能实践上补齐了自己的短板。2006年单位又派我去厦门大学研学半年。在这半年里，我经常和很多美院的大学生去厦门海沧油画村学习，那时的我曾一度梦想成为一名职业画家。

作为一名普通中小学美术教师，那时美术教学还没有成为我追求的方向。和今天很多高校毕业的新老师一样，我们都单纯以为只是“画好画”就一定能教好书，不屑于教育教学理论的探究实践。当然，那些宝贵的学习进修经历，专业素养的积淀，为我后来能站上更高的讲台奠定了坚实的基础，让我有底气与自信驾驭美术课堂。也是经过长期的教学实践和反思，我才渐渐明白，中小学美术教师的专业技能水平提高与教学研究是相辅相成、并行不悖的，这种提升终会转化成为一名优秀美术老师的综合素养并惠及学生。

毕业回归学校后，我尝试把大学的知识体系转换到中小学美术课堂实践当中，努力提升自己驾驭美术课堂的能力，想方设法激发学生美术学习兴趣。我还利用学校长廊、橱窗等定期举办小型学生作业画展、美术教学成果展，而这些都成了这所乡镇学校的一道亮丽风景线。那两年我校其他学科也掀起新课改的时代浪潮，课题研究活动这项新鲜事物走入农村学校。市级课题研究活动中，语文学科的“素质作文”训练、数学学科的“情境教学”模式探究实验等，让我们看到义务教育阶段教育科研的力量。而美术学科教育科研和教研究竟该怎样做，也成了我长期思考并困扰我的一个问题。

2008年，我有幸参加了3次省级美术教研培训：第一次是贵州省中小学美术骨干教师培训；第二次是贵州省中小学美术教师专业研修培训；第三次是义务教育阶段美术新教材培训。参加了这些学习活动后，我才深刻感受到我们乡镇的美术教学教研活动还停留在浅显表面。而当时全省的美术教育科研工作，在时任省教科院美术教研员兰岗老师的带领下，早已走在各学科前列，很多优秀的老师在美术教育科研领域早已崭露头角。比如我市美术学科领头人王松老师，他成功申报了省级重点课题《遵义市红色美术文化资源在中小学美术教育中的应用及实验研究》，并组建了课题团队展开实验研究。课题团队后来在研究成果基础上编写的《遵义市红色美术地方教材》在全市得到推广使用。优秀老师榜样的示范力量，对我乃至其他美术老师都有着激励、唤醒和推动的作用。

2010年，我参加了遵义市的第四届美术优质课大赛，我执教的课题《面具》以第一名晋级市赛。为了更深入地研究这个课例，我特意去研学安顺天龙屯堡地戏文化、道真傩戏文化，深入研究贵州民间戏剧中所使用面具的艺术特性及其文化渊源，期望能在这堂课中注入更多民族地域文化元素。由于我对民间文化内涵理解浅薄，致使教学中很多设计流于表面形式，花架子也太多，把过多关注点放在了学生的表演活动上，而对综合探索的课型缺乏深入研究，所以这节课最终只获得市级二等奖。我记了下评委那句“优秀教师的成长需要一个过程”的评语。年轻老师知识的充实与完善、教学经验的成熟与积累，都需要时间和实践的不断磨砺，所以我必须继续努力前行。

三、面对挑战才有发展

在教育改革浪潮中，机遇总是留给有准备的人。2009年，遵义市新蒲新区成立，新区教育系统启用了很多年轻教师从事教研工作，我担任了新蒲新区美术学科第一任兼职教研员，从此开始走上美术教育教学研究的道路。

对年轻的我而言，教研员既是难得的学习发展机会，又是沉甸甸的责任与使命，在新的工作职责压力之下，我产生了需要不断提高自身综合素养的紧迫感。在教研活动中，我努力锻炼自己的教学教研及活动组织能力，在教研工作中帮助别人的同时也不断磨砺自己。那时我做得最多的工作就是听课、议课、评课，不断向全市优秀美术老师取经。“如切如磋，如琢如磨”，无论是全市赛课还是各区县的赛课教研活动，或是小初高各学段的教研活动，会场总能看到我拿着摄像机学习记录的身影。最初新区美术老师总量不多，团队常规教研活动开展很方便，在教研活动中大家都是畅所欲言、直言不讳，常常会为一个教学中的问题争执得面红耳赤，但之后大家又会心一笑。老师们还常常邀约外出写生作画，切磋技艺。有了较为常态化的教研活动，大家似乎找到了美术学科的更多价值，找到了美术老师的存在感。美术老师们携手共同成长，教研与友情同步与日俱增。那几年教研工作的努力付出没有白费，各项工作均小有成就。

2013年底，我参加了遵义市第五届美术优质课大赛，执教的欣赏课《毕加索》荣获市级一等奖，本课之后又在2014年获得贵州省第五届美术优质课大赛二等奖。那时的美术优质课比赛，很多老师不愿意选择欣赏课，都觉得欣赏评述课很考验美术老师的知识底蕴，对初中生也难以引导理解。为了上好这节课，我做了大量相关的阅读研究，磨课中反复做了多次修改和试教，对课堂中每一个细节设计都力求精益求精，很长时间真的是睡觉都梦见毕加索。我想，很多参加过优质课比赛的老师一定会有这种磨课的经历，这种艰难的摸索过程真是很辛苦的。这节课终于让我第一次走上省级赛课的舞台。现在回想，还是有些遗憾，我运用李自健的写实性油画《南京大屠杀》导入，再展开介绍毕加索的《格尔尼卡》。由于我在课堂上没有控制好情绪，抽象的说教色彩过重而忽略了美术本体应有的审美体验性，对“立体主义”的核心概念解读也因来源于网络而显得不严谨……总之，因为自身知识积累不够，对学情分析不足，导致这堂课存在不少漏洞，留下了很多遗憾。

2014年，我和挚友佘洪玲、杨长君老师合作，共同成功申报市级课题《将农村生活闲置用品引入初中美术课堂教学的实验研究》。这是我们第一次做美术课题研究，没有任何经验积累，我们到处走访，不断记录，回到学校课堂又不断进行实验尝试。我们引导孩子们在从农村收集来的闲置用品上描绘了很多精美的绘画作品，这些形式新颖、独具特色的作品为校园文化建设增添了色彩。课题组几位老师又学习并收集整理课题各阶段资料，并多次去市里请教课题名师指点迷津。后来课题组编写了地方乡土美术教材《家乡美·美家乡》，共有8个单元的本土美术内容，这些呈现了乡土朴素生活之美的内容受到了孩子们的喜爱。后来，我们以此为基础编撰的美育改革创新案例获得了省级一等奖。通过课题研究，我体会到这是一项难度极大的工程，但又是最能锻炼和提高年轻老师教育教学综合能力的最优途径。

2015年，我参加了遵义市第二届美术教师基本功大赛。美术基本功大赛对于一个农村老师来说是非常严峻的挑战，美术理论笔试、国画人物写生、色彩绘画创作、立体造型手工设计、电脑设计应用，五项全能比赛非常考验美术老师的综合素养。我和很多美术老师一样，不能样样精通，花了很长时间恶补短板，向美术领域老前辈求学技能，现学现卖。功夫不负有心人，我获得市级一等奖。细想下来，真是因为一次又一次赛事，逼迫自己不断学习，拓宽自己的知识面。我觉得扎实的美术基本功一定可以助推优质的美术教学，它是我们每一位老师的必修课。正是有了这样的认识和体验，所以我便有意识地主动拓展自己的知识面，涉猎与美术教育教学相关的知识技能。其中一项就是学习中国书法。对曾以学习西画为主的我，书法学习算是零起点，虽然起步晚且天资笨拙，但也算增加了一项业余爱好。之后我便开启了勤学苦练书法的学习之路，我想，这一爱好将会与我一生相随。

四、寻求新的教学高度

2015年，我的工作单位发生改变，我通过招考调入遵义市第四初级中学。这所新学校在百年名校遵义四中的旧址上改建而成，学校地处遵义会议会址红色文化核心区，有着深厚和丰富的红色文化资源。我从农村一步一个脚印，一路走来，成为遵义主城区中学的一名美术教师。

遵义市第四初级中学自2015年创办以来，一直秉持“教育即生长”的办学理念。学校非常重视美育工作，建校以来已连续成功举办九届大型书画艺术展演活动，在全市艺术展演活动中，师生获得了众多奖项，学校还获得遵义市“艺术特色学校”荣誉称号。学校美育工作也得到遵义美术馆、遵义画院的大力支持，被授牌成为遵义市第一所“美育实践基地”学校。一分耕耘一分收获，这些喜人的成就，离不开学校领导同仁对美术教育教学工作的全力支持，也见证了美术教研组老师们脚踏实地的付出。

中心城区学校的学生，深受红色文化熏陶，从小接受优质美术教育资源的机会较多。优秀的学生也反过来促使老师必须潜心研修教学方法。课堂教学中，我努力追求常态美术课堂的优质理想，认认真真上好每一节美术常规课，学生们也真心喜欢我的美术课。每一个单元我都会用心设计美术常规课堂小作业，学生的随堂美术作业创作也总是很精彩。所谓厚积薄发，日常严谨的教学态度为初中阶段的学生奠定了坚实的美术素养基础。为此，学校的美术教学工作得到了同行及家长的广泛认可。我一直认为，离开了一线讲台的锤炼就不可能成为优秀的教师。2017年底，我参加了遵义市第六届美术优质课大赛，执教的欣赏评述课《北京故宫》荣获市级一等奖第一名。这次美术优质课赛事，前后跨越了近两年的时间，赛课前我做了大量理论研究，包括对北京故宫系列纪录片、中国古代书画学术论文和美学专著的阅读，现代数字媒体科技融合教学的探究，还有对义务教育美术课程标准的深度解读。多少个精益求精的教学设计，从加法到减法的不断解构重组，然后反复在课堂实践中检验。其实我这都是下的笨功夫，但最后得到的不只是一节课例，而是提升并内化了我对美术课“欣赏·评述”学习领域的理解高度和实践力，让好课一直在生长发展中。当然，我的成功背后离不开“遵义美术教研团队”的全力扶持，是美术教研同仁们一路的陪伴与鼓励合力，让我能够不断地发展和进步。在2019年，我代表遵义市参加了贵州省第六届中小学美术优质课大赛，我执教的《北京故宫》一课荣获省级一等奖第一名。这一路走来真的很不容易，我终于跨上美术优质课竞赛更高的平台，真有一种“破茧成蝶”的感觉。

在后来的教学教研中，我又开展了绘本的研究。绘本不只在阅读中很重要，在美术教学中也蕴含着巨大的潜力和能量。经典绘本阅读对美育具有潜移默化的渗透作用。我对“绘本教育引入中小学美术课堂教学”做了很多实验，让孩子们在美术课上得到很多乐趣。绘本学习研究带给我很多成长进步的经历。2019年底，我带着绘本课程资源，参加了贵州省中学美术教师研讨大型活动，得到专家和同行的肯定和好评。在这次活动中，我还承担了省级公开课现场教学，执教的欣赏课《洛神赋图》，引起全省参会四百多名美术老师的共鸣。大家通过我的教学，对《洛神赋图》这类中国古代长卷式绘画赏析，对中国传统绘画中时空观念的领悟，对欣赏评述领域的教学策略等都有了新的认识并同我展开讨论。能与来自全省的美术骨干教师、教研员展开研讨，对于我来说是难得的机会，也是极有意义的。通过这次活动，我感觉自己对美术欣赏课无论是在理解上还是方法策略上，都有了新的感悟和认知。

长久以来，我一直把杭州师范大学王崧舟教授说的那段话当成座右铭：好课的境界有三种，第一种佳境：人在课中，课在人中；第二种佳境：人如其课，课如其人；第三种佳境：人即是课，课即是人；境界越高，课的痕迹越淡，终至无痕，课的最高境界乃是“无课”。尽管我始终无法达到更高境界，甚至“人课合一”，但这种理想一直都在指引我努力前进。

五、结语

为了心中理想的美术教育，我一直在路上。回望过去那些教育生涯的点点滴滴，常常风雨泥泞又一路美景。回顾的同时又是自我反思内省的过程。或许，我真正的美术教学教研行动才刚刚起步。心中有光，胸怀理想，我将奋力前行在“美的教育”路上。

作为美术教师，既要通过提升自己的综合素养，具备发现生活中美的事物的能力，更要注重培养学生的这种能力，引导他们在生活中发现美、感受美，在美的熏陶中获得教益。

——吴寿安

吴寿安，苗族。1967年生，贵州省黄平县人。大学本科美术专业毕业，1986年8月参加工作。现为黄平县第二中学美术高级教师，贵州省第二批民族教育教学名师，黄平苗族泥哨县级代表性传承人，贵州省美术家协会会员，贵州省中国画学会会员，贵州省摄影家协会会员，黔东南州美术家协会理事，黄平县文联兼职副主席。曾当选贵州省第十届人大代表、黔东南州第十届政协委员，参加省级重点课题和主持完成省级一般课题，获贵州省中小学教学成果二等奖。

在教学实践中追求“美的教育”

◇黔东南州黄平县第二中学　吴寿安

我在黄平县第二中学从事专职美术教学工作已有38年，称得上是货真价实的老教师了。有些朋友对我一直待在同一所学校表示不太理解。其实，之所以能38年扎根在黄平二中，我的想法比较简单，不外乎是三个方面的因素：一是源于自己对美术及其教育的那份锲而不舍的热爱，我离不开学校，离不开美术教学这个职业；二是黄平二中给了我实现自己美术教师梦想的平台，黄平二中于我有“知遇之恩”，我理当努力认真地工作，报效学校；三是我作为一个土生土长的黄平人，就应该为家乡教育的发展、为家乡孩子的成长贡献自己的力量。我对“美的教育”的理解和追求，也是建立在这些因素之上的。

一、因为热爱而努力

因为热爱美术，也就热爱美术教育事业，因为热爱这份职业，所以一直在努力。

我的少年时期生活在被誉为“小江南”的黄平县重安江镇，美丽的古镇吸引了全国各地的画家来写生，所以耳濡目染使我悄悄地爱上了绘画。读师范学校时对美术愈加热爱，心中暗暗定下了终身学习美术的志向。1986年，我从中等师范学校毕业后被分配到黄平县第二中学任专职美术教师。在20世纪八九十年代，美术教学是不受重视的“小儿科”，所以学校几乎没有人来听我的美术课，美术课也不会受到人们的关注。当时我想这是因为我的工作没有做好。我意识到，要在学校立住脚，就必须得做出点成绩来。作为学校唯一的美术教师，我没有教学经验可以借鉴，当初的想法是怎样激发学生的学习兴趣，让学生参与到教学中来，从而提高美术教学质量。虽然采用示范教学法，教学效果也很好，但我很快意识到自己的专业水平和中师学历不能适应教育不断发展的需要，必须尽快提高自己的美术专业水平和课堂教学水平。于是我通过成人高考于1989年考入贵阳师专美术专业进修，2004年考入贵州师范大学的美术学专业函授学习，实现了中专到本科的学历提升，美术专业水平得到了较大提高。随着新课程改革的到来，1992年参加贵州省第一次新教材培训时，有幸聆听了尹少淳、兰岗老师的讲座，这对我如何提升教学水平指明了方向。在没有网络信息的时代，为了解当时的中小学美术教育理念和教学动态，提高自己对教育的认识和专业素质，我订阅了《美术》杂志、《中国书画报》《中国中小学美术》等刊物，之后也多次参加省级和州级的新课标培训、教材培训、义务教育专项项目培训等。通过这些培训和研习，自己的教学思想和教学水平得到了转变和提高。三十余年来，我在教学实践中不断学习新思想、新教法，不断地总结和反思。先后被评为黔东南州首批骨干教师、贵州省民族教育教学名师，被聘为黄平县兼职美术教研员，还成立了民族文化教育名师工作室，通过工作室各项活动的展开，在一定程度上推进了黄平县美术教学和非遗文化传承的发展。

教师的美术专业基本功是上好美术课的坚实基础。在教学之余，我不断参加美术专业培训和写生活动，积极创作美术作品，我的作品参加省、州、全国画展，多次获省级奖，在美术创作采风和收集美术教学素材中又爱上了摄影，先后加入黔东南州美协、贵州省美术家协会、贵州省摄影家协会、贵州省中国画学会，历任黄平县美术家协会主席、黄平县文联兼职副主席、黔东南州文联美术家协会理事，当选贵州省第十届人大代表，政协黔东南州第十届委员。我相信每一份付出皆有回馈，这些社会兼职也对我的专业成长和学校教育教学的发展是有益的。

二、利用地方资源开拓教学空间

美术来源于生活，美术教学也应与生活息息相关。不论是杜威的“教育即生活”，还是陶行知的“生活即教育”，他们都认为教育与生活息息相关，只有与学生实际生活密切结合的教育才是好的教育。在长期的教学实践中，我逐渐认识到教育活动内容要基于学生的生活经验和认知来进行设置，美术教学内容的设置也要贴近学生的生活实际，学生才能对学习感兴趣。为此，我结合黄平县地方美术文化资源和学生生活实际，从三个方面进行教学改革的尝试。

（一）贴近生活，教材乡土化

课改前美术教材注重美术专业技能的学习，大部分教材内容没有考虑到农村学生的生活实际，让乡镇学校的教学实施增加了难度。20世纪八九十年代，我的学生大都来自农村，他们的家庭生活困难，有的连学费都交不起，大部分学生是第一次走出大山到县城读书，对外面的世界很陌生。美术课是学生比较喜欢的课，要把课上得丰富多彩，还得有美术课必需的学习工具和材料，这对于一周的下饭菜就只有一瓶油辣椒的山区学生来说，要买毛笔颜料等学习用具实在是太难了。针对这些情况，我就地取材，用树叶花草、石子黏土、布头废纸等作为美术课学生作业使用的材料，需要购买的材料就安排学生分组准备并共同使用，这样能最大限度地降低学生的学习成本。一次上色彩知识课时，发现50人的班上只有5位女生带颜料和画笔，2个男生带水性彩色笔，一位男生带的是小盒装的彩色蜡笔，没有实操用的工具材料，色彩课就只能上成干巴巴的“色彩理论课”。针对农村学生没有颜料的情况，我叫学生回家收集不同色彩的树叶带到课堂备用。到我的美术课时，全班收集的树叶就有一大麻袋了，一进教室就学生争先恐后地向我汇报他们的劳动成果。学生的劳动成就感满满，课堂气氛十分活跃，他们迫不及待地催促我赶快上课。在彩色练习环节，我采用分组合作方式，让学生在树叶堆中找出同类色、冷暖色，进行彩色明度、纯度、色相的排列组合和彩色对比练习。虽然没有颜料，可大自然是强大的调色师，学生是大自然的搬运工，他们用自己收集来的材料完成作业，学习兴趣更加浓厚。“明度最大的是银杏树叶”“纯度最大的是红色的枫树叶”……学生的探究、讨论活动十分热烈，学习氛围很好。有了这个树叶彩色的练习环节，用树叶拼贴进行主题性彩色画创作的效果是相当好的。当时纯粹是为了解决学生的颜料问题，树叶拼贴虽然没有颜料的丰富性，但收集树叶和用树叶拼贴的活动过程，要比直接用颜料绘画的教学效果更好，也更能培养学生的动手能力，更能培养学生热爱大自然的情感，还能让学生感悟到美术与生活的密切联系。我在多年的教学实践中体会到：美术课教学不能限于60平方米的课堂，课外的延伸能让教学更加丰富多彩，学生的多种能力和素养才能得到充分的发展。

为了使美术教学能贴近学生生活实际，我将一些与地方生活实际缺乏联系的教材内容进行了适当乡土化调整。如传统剪纸课教学生剪“二月二”祭桥团花和结婚用的“喜花”；泥塑课教“黄平泥哨”；编织课教学生喜欢的织笔套、编蚂蚱等。这些学习材料对于农村学生来说是容易准备到位的。风筝制作教学生做当地的“王字”“鲢巴郎”风筝；风景绘画课把学生带出教室，写生美丽校园，学生对这些贴近他们生活的美术内容产生了浓厚的学习兴趣。在红色记忆《画当年》一课，为使革命故事更加贴近学生认知，我结合本土红色文化资源，介绍红军两次过黄平的故事，播放以受伤失散红军战士马崇德被苗族人民救治为原型的电影《马红军》和故事发生在黄平的电影《博莎特的长征》，让学生知道黄平也是红色根据地，红色文化就在我们身边。我还组织学生画曾经是彭德怀将军临时指挥所的校园，画红军留下足迹的家乡红色景观。这些具有家乡文化特色和生活特色的教学内容，既能让学生学习掌握教材所要求的知识技能，又能增加学生的家国情怀。

（二）源于责任，民族文化进校园

受家庭的熏陶，我热爱民族文化，所以我把弘扬优秀传统文化和传承传统手工技艺视为己任。因为这份责任，我从20世纪90年代开始，逐渐把地方民间美术渗透到美术教学中，一直坚持了三十多年。我认为，学校是开展民族民间文化教育和非遗文化教育最好的阵地，而美术课教学是开展民族民间美术教育的最佳途径。美术课要贴近学生生活，在教学中有机渗透民间美术是个很有效的方法。黄平县是文化和旅游部命名的第一批“现代民间绘画之乡”，省文化厅命名的“泥哨艺术之乡”，黄平的民间美术丰富多彩，这些都是我很好的美术教学资源。20世纪80年代末90年代初，我经常参加黄平县文化部门组织农民画和黄平泥哨的培训，1992年我把黄平泥哨、农民画引进校园，通过课外美术兴趣小组开展创作活动。由于黄平泥哨市场的衰退，泥哨教学活动开展了一段时间就随之停下，农民画的辅导却继续下来。我采用农民画表现形式指导学生创作自己生活的日记绘画，学生的作品获得了中日邦交日记绘画大赛二等奖2个、三等奖3个的好成绩。1998年到2002年间，为了更好地辅导学生创作，我又把民间绘画（农民画）引进课堂，每学期安排一节农民画课，作业优秀的学生组织到课外兴趣小组进行作品创作。用农民画形式指导学生创作，我要求学生必须表现他们所经历感受过的实际生活，尽可能表现不断发展的农村生活和民族风情题材。因为我知道要农村学生用中国画、版画及素描的表现技法去画高楼大厦、科技和海洋题材，农村学生是没有城市学生的优势的；反过来，画农村、民族题材，城市学生就没有农村学生的优势。农民画构想奇特、表现手法大胆、造型自由夸张、色彩强烈而明快，学生在创作中可以天马行空地自由表现，特别符合初中学生的心理特征，也是少儿绘画所追求的艺术效果。通过农民画的学习，这些学生的艺术天性得到了张扬。五年间，我指导的学生创作农民画作品获得省、州、国家级及国际绘画比赛一、二、三等奖和优秀奖共120人次。

随着黄平县民族民间文化进校园活动的开展，我把农民画、传统剪纸、民间草编、传统风筝、黄平蜡染、黄平苗族泥哨等民族民间美术纳入美术课教学内容，并积极开展民族手工艺的社团培训。每年的学校艺术节安排有苗族泥哨、剪纸、风筝等传统手工技艺的比赛，使苗族泥哨、传统剪纸、传统风筝成为学校美术教学的一大亮点，苗族泥哨也成了我校的民族特色课程。由于我开展的民族文化教育活动有声有色，成效突出，多次被聘为黄平县非遗项目培训、民族民间文化师资培训的主讲教师，被评为黄平县非物质文化遗产项目评审专家。为了更好地保护和传承黄平优秀的民族民间美术文化，我负责撰写了民族文化教育项目的相关申报材料，为学校先后争取到“黔东南州级民族民间文化项目学校”“贵州省民族民间文化项目学校”“贵州省民族教育‘双百工程’民族教育特色示范学校”和“民族教育教学名师项目”奠定了基础。

（三）因为传承，让苗族泥哨在校园歌唱

开展民族民间美术进课堂是民族教育项目学校的需要，也是我的义务和责任。为了打造学校的美术教学特色，我选择最具黄平特色的泥哨作为课程资源进行开发利用，于2006年正式将黄平泥哨的欣赏与制作引入美术课堂，这一干就是十多年。

黄平泥哨又称为苗族泥哨，是流行在黄平苗族地区的一种泥捏儿童玩具，属国家级非物质文化遗产。记得第一次在课堂上展示苗族泥哨实物时，学生被泥哨夸张生动的造型，能吹出清脆的哨声所吸引，个个都爱不释手，并要求我教他们捏制。苗族泥哨制作技术性强，课堂上通常会用几节课来进行普及性教学，再利用课外社团形式提高学生的制作技艺。每到我上苗族泥哨的那几周，校园里到处都听到“叽叽”的泥哨声，充满了浓浓的民族文化氛围。2010年我撰写的教学案例《黄平泥哨在校园吹响》在全省民族教育论坛上进行交流并获得好评，这更加坚定了我把苗族泥哨教学作为一校一品的决心。我不断总结教学经验，认真进行苗族泥哨课堂教学有效性的研究，积极开展泥哨社团活动和泥哨制作比赛，指导学生制作的泥哨作品在县、州的民族民间文化进校园成果展示中频频获奖。要把苗族泥哨打造为学校的美术特色课程品牌，就必须开展苗族泥哨校本课程的研究，2016年我编写了《黄平苗族泥哨》校本教材，为学校的校本课程建设打下了坚实的基础。2017年，学校获得贵州省民族教育“双百工程”项目后，又调进几名美术教师。新教师的加入壮大了学校美术教师队伍，结束了我十年“单枪匹马”的历史。2018年，经省教育厅审批，学校成立了贵州省民族教育“双百工程”民族教育教学吴寿安工作室，我又被评为苗族泥哨县级代表性传承人。有了工作室这个平台，再以我主持的省级课题《黄平苗族泥哨美术地方课程的实践研究》为抓手，我带领美术教师团队开展苗族泥哨等民间美术的研修和教学实践，同时积极建设国家级非遗项目苗族泥哨传承基地，全面开展苗族泥哨课程建设工作。教师是课程的实施者，我通过传帮带形式带动工作室的其他成员和学员学习苗族泥哨，然后面向全县中小学校进行推广，通过举办全县中小学美术教师苗族泥哨课程教学大赛来检验推广的教学成果。作为苗族泥哨传承人，非遗技艺的传承是我义不容辞的责任，我积极培育苗族泥哨传承人群，使工作室成员都成为苗族泥哨教学的骨干教师，其中成员潘大梅、雷冬老师被评为县级代表性传承人，通过教师的教学活动，培养更多热爱苗族泥哨的学生。我的工作室得到了兰岗老师等教育专家的指导，使我和我的团队在美术课堂教学、课程建设、校园文化建设及教育科研方法等方面有了很大的提升。团队集体打造赵冰洁老师执教的美术课《真情传递》，获得贵州省第七届初中美术优质课二等奖；成员获得省级教育科研重点课题立项1个、州级重点课题立项1个、州级一般课题立项4个；在县级非遗项目的展示活动上，我的学生制作的苗族泥哨作品被抢购一空，这极大地增强了他们的民族自豪感和学习成就感；学校在2022年被评为黔东南州非遗项目优秀传承基地，我撰写的教学案例《苗族泥哨校本课程在初中美术教学中的实践探究》获全省艺术教育创新案例一等奖。如今，黄平苗族泥哨已经成了我校的民族文化教育特色品牌。

三、在教学实践中寻找“美的教育”

生活中有很多美好的事物，我们需要用心才能够发现它、感受到它的美好。作为美术教师，既要通过提升自己的综合素养，具备发现生活中美的事物的能力，更要注重培养学生的这种能力，引导他们在生活中发现美、感受美，在美的熏陶中获得教益。在我的教育教学实践中，这方面有不少有意义的案例。特在此略举一二与同仁分享。

（一）“生教生”课堂更活跃

美术教师的技能掌握要全面，要学生学会，老师得先会。绘画课、剪纸课、泥塑课的示范我可信手拈来。而在《巧手编织》这一课中，由于编织不是我的强项，所以对怎样上好这一课，心中没有底。但我发现有一段时间很多女学生在课余用毛线和塑料线在编织笔套时，就有了把编织笔套和民间草编引进课堂的想法。我放下教师的所谓架子，虚心向她们学习编织方法，发现她们能说会教，于是就想请她们来当一次老师。我教的班级多，了解到每个班都会有三五个学生会这种编织。于是我请一个学生做小老师，负责一个小组的编织指导，手把手地教同学。同学之间的交流很自然，学习更加自由，课堂氛围很和谐。这个时候我的主要任务就不是教授编织的知识技能，更多的是协调、组织课堂进程，解答一些相关知识性问题，为同学们做好服务，最后就是对这堂课进行小结。这种教师组织教学，学生教学生的形式，更便于学生之间相互学习和交流，教学更贴近学生生活实际。在这种课堂上，学生学习兴趣浓厚，敢于大胆尝试，思维活跃，往往容易取得好的教学效果。在后来的民间草编教学环节，我也请会用棕树叶编蚂蚱的同学来教大家编织，同样取得了很好的教学效果。“生教生”教学形式虽只是在特定条件下的教学尝试，是在教育技术落后的年代，没有多媒体、没有微视频等情况下产生的。但今天看来，这种平等、自主、灵活的教学方法和学习方法更加贴近学生生活，也从某种程度上体现了课程改革提出的“学生主体”“自主学习”的理念。

（二）榜样就在身边

校长经常到我工作室来练习书法，交流心得。一天，他给我讲了一个十分感人的励志故事：儿子陪他75岁的母亲看电视，老人问电视里那些精神焕发的白头老翁为什么这样长寿。儿子解释道：“他们是书法家，是长期练毛笔字的，心态好所以才长寿。”于是他母亲说她也要练毛笔字。儿子说：“练字是文化人的事，得天天练，很辛苦的呢，您老人家又没有读过书，一个字都不认识，您真的要练字啊？”母亲说：“我想像电视里的那些人一样长寿，我要学练字，你是校长，有文化，你教我嘛。”儿子非常孝敬母亲，就自己一边自学书法一边教母亲练字，后来母亲写的毛笔字还真像那么回事，而且还认识了很多字，就连读大学的孙子们看到奶奶写的毛笔字后，都无不感慨而汗颜。校长讲完故事，便打开手机里他母亲的练字照片和练习的作业给我看，真的不敢相信这是一个不熟悉汉语、不识汉字的农村侗族老奶奶写的字。作为美术和书法教师的我顿时感慨不已。校长说就是母亲的这种坚持和执着的精神鼓舞着他不断努力学习和工作，校长每天都来我工作室练字，还说3年就超过我。他这种认真执着的精神也给了我很大的激励。后来我将校长母亲练字和校长练字的案例作为我书法教学中对学生进行励志教育的范例，在课堂上展示校长的书法作品，讲校长和母亲练字的故事，并请校长到书法课堂中参与学生交流，这些尝试对学生学习产生了积极的影响。

（三）用传统文化之美浸润心灵

在一节书法课上，我正在板书课题时，突然身后听到“啪”一声，是男生用书本重重地拍了后排女生的课桌。我简单地了解情况：男生生气地说“她骂我”，我又问女生“他拍打到你没有”，女生说“没有”。凭多年经验，我知道这些都是课堂上同学间小打闹的问题，是七年级娃娃们的“日常”，只要教育得当也没有什么大碍。我发现全班学生都看着我，以为我会来个下马威，大声训斥，进行教条式口头教育。可我知道接下来的教学内容会自然解决这些问题，于是我请这位男生出列站在讲桌前认真听课，我说“为了不影响大家上课，你先好好听我把这一个内容讲完”。然后我就开始讲汉字左右结构的“迎让法”，先介绍不同单体字之间既相互礼让又相互迎合形成一个和谐整体的方法，然后结合刚才学生发生的事例，我特意选用“好”字为例，让学生进行左右单体的迎让分析。我在教学小结时把“女”和“子”的迎让方法与刚才两位同学的行为联系起来，告诉同学们：有矛盾时，彼此之间要相互礼让，这样同学之间才会是友好的，班集体才是团结和谐的。这时我再问那位出列的男同学，你懂了这个道理吗？他说“老师，我懂了，我知道我错了”。我认为书法内在地体现了中华民族的文化特征，在平稳中制造对比、在对比中追求平衡，最终追求和谐之美。美术书法教师不光“授技”还要

"育人"，所以我在教学中注重结合中国传统文化的特性，探索书法的艺术性和育人性之间的联系，把书法的理论与实际生活联系起来，对学生进行德育渗透，发挥书法教学的育人功能。

（四）用经典助力学生成长

《论语·为政》曰："误人子弟，罪莫大焉，慎之！"这提醒我们在传递知识和价值观时要慎重，以避免误导他人。美术教师的教育行为将影响学生的艺术观、价值观。美术教育要求教师不光具备一定的专业技能，还要具有较高的知识水平和艺术修养，要充分认识美术教育的规律，提升自己的美术鉴赏能力，为学生树立良好的榜样。教育是全方位的，不仅教学生艺术知识与技能，更重要的是教学生怎样做人，引导学生树立正确的学习目标。作为教师，对不是自己的知识技能强项的内容，就不能在学生面前不懂装懂，故弄玄虚。

潘华同学是我初中教的学生，对书法绘画的爱好达到了痴迷的程度。我是他的美术启蒙老师，他很崇拜我，只要遇到我，都会从兜里掏出书法和篆刻作业向我请教问题。随着他对书法艺术执着的追求，提出的问题越来越难，我觉得我无法更好地指导他了。我深知我的教育行为将对他影响深远，为了这株艺术之苗能茁壮成长，我不能不懂装懂，敷衍了事。在一次他和我的交流中，我了解到他与一些江湖书法人士混在一起，我觉得要给他指一条正确的学习之路。我对他说"学习艺术，要找最好的平台，要学习经典。学习书法要找到当地专业最好、修养高的老师，才能提高自己的艺术水平"。我又用我表哥多次高考落榜后从不气馁，执着追求理想，终于成为黔东南知名作家、苗族音乐人的励志案例激励他。然后我把他推荐给黄平县书法家协会主席，让他进入黄平县的书法圈，之后又推荐他到州书法家协会，终于有一天，他抱着一大摞书法作业直接走进贵州省书法家协会副主席陈加林的办公室。由于他的努力学习和执着的追求，感动了他求艺路上的所有老师，他们都会义务给他指导和提供帮助，终于在2007年考上了杭州兰亭书法学院。他家庭条件不好，从小不被老师和同学看重，心理上留下了些阴影，是我走进了他的生活世界，经常关心和帮助他，成了他无话不说的师长和朋友。他在读大学期间，班上的事情，同学之间的事情，甚至工作后谈恋爱的事都和我进行交流。他说我是他一生中遇到最好的老师，当然他也是我教育生涯中印象最深、关系密切的学生。

四、结语

38年就像是弹指一挥间，不知不觉地，我就由一个懵懂青涩的少年变成即将迈进花甲之年的“老人”，再过3年就该退休了，想想还真是有蛮多的感慨。无论怎样，在退休之前的这几年，我一定会以更加坚定的决心、更加执着的精神，为黄平二中的发展、为孩子们的健康成长继续贡献自己的一份绵薄之力。

教育是师生之间相互的成就，是教师之间相互的帮扶与助力。我就是被各位老师所推动的云，也愿意化作一朵云，推动其他的云朵，组成满天的云霞！

——彭斌斌

彭斌斌，遵义市第五中学美术高级教师，毕业于贵州师范大学美术系，贵州省省级骨干教师，贵州省教育学会中小学美术教育专业委员会理事，遵义市汇川区美术教育学会会长，遵义市红花岗区美术家协会副会长，2008年全省第四届美术教师基本功大赛获一等奖，2005年全国第四届美术教师基本功大赛理论组第一名。

愿做天边一朵云
——回顾我的美术教学生涯

◇遵义市第五中学　彭斌斌

“在高二为数不多的美术课堂里我们遇到了您。我们从您充满活力的语言和动作来看，您对艺术真是充满了热爱。在枯燥的日子里，您和您的课堂给予了我们短暂的歇息时光，就像快节奏的乐章里舒缓悦人的旋律。席慕蓉曾经说过一句话：‘一定要爱着点什么，它让我们变得坚韧、宽容、充盈。业余的，爱着。’或许，您的课堂便是这个意义吧！让我们在繁杂的文字知识之中有了可以精神寄托的东西，成了一天当中那些灿烂的细节。您讲课总是很流畅，几乎不用看着PPT上的提示语，几乎没有卡壳之地。‘所有信手拈来的从容都是厚积薄发的沉淀’。这恐怕就是因为您深厚的热爱吧！感谢缘分让我们和您相遇，我们对您献上最诚挚的祝福……”

感谢我的学生，送给我这么温暖的话语，这诚挚的表达，这是我工作22年来收到的最让我感动的教师节祝福。学生对我工作的肯定、对美术课堂的喜爱、对艺术的向往与追求，都展现在字里行间，令人动容，让我觉得之前所有的坚守都是值得的，让我更加有底气面对三尺讲台，也激励我更加认真地对待以后的教育工作。

时光荏苒，回首自己的教育生涯，往事历历在目，不知不觉间，青春已经渐渐离我们而去，而我也不再年轻。我们70后这一代的人，经历了改革开放的黄金时期，亲眼见证了祖国日新月异的发展历程，也见证了身边很多人的成功与失败。有过羡慕，也有过庆幸，每当夜深人静，或者一个人独处的时候，也会问自己，当初决定到高中当美术老师是不是一个正确的选择？每次都会经过一番反复的对比与反省，最后得到一个可以说服自己的答案：“再来一次，我也会这样选择。”

我家三代人全都是教师，教师这个职业是我最为尊敬也最为熟悉的职业。1993年中考的时候，我报考了遵义南白师范，立志成为一名教师。那是一段令人怀念的学习时光，非常幸运的是在师范读书期间，得到了美术的启蒙，有幸跟着白兴民和冯远宇老师系统地学习了素描和色彩基础。白兴民老师温文儒雅，面对学生脸上都是带着温和的笑容。记得白老师有一次在课堂上示范画虾，认真地给我们讲解用水用墨的注意事项、运笔行笔的技巧，是那么的耐心而细致；他画的范画是那么的空灵而生动，当时我就被深深地迷住了，那堂课一直在我记忆里发着光，从此心里就种下了学习美术的种子。冯远宇老师刚分配到学校，年纪只比我们大几岁，和我们有更多的共同语言。我们几个喜爱绘画的同学经常粘着他，他也很喜欢我们，经常带我们出去写生，手把手教我们速写，画素描静物，时常告诫我们一定要多练、多看，注意把握对象给人的第一感觉，在他的引领下，我们的绘画技能得到快速提升。

中师毕业后，我被分配到了乡镇中学，教过政治，也教过历史，但是都没有归属感，我最爱的还是美术课。由于技能不高，学历比较低，为了提高学历，圆自己的大学梦，我在1997年决定参加高考，这时我面前就只有参加美术高考这一条路。非常感谢美术这个学科，补足了我的人生拼图。2001年大学毕业，我和我的夫人回到了遵义，很幸运地得到了当时的校领导及美术组谢以家老师的关心与厚爱，同时接纳了我们夫妻俩入校任教，让我们可以组建我们的家庭，有了成家立业的基础。对此，我一直心怀感激，莫敢相忘。作为一名新老师，除了对新工作岗位的新奇，就是对教育教学的忐忑：怕掌控不住课堂、怕知识点没有讲透彻、怕学生听不懂……当时谢以家老师和我一个办公室，为了鼓励我，他给我分享年轻时候的经历，还给我看他的教案，带我听课，让我慢慢提升上课的技巧。印象最深的是他带领我一起制作学校的展板，那个时候还没有电脑制作，一切都是手工制作完成。一块展板，我们从裱底开始，上色、贴照片、做边框，最难的是制作标头。谢老师写得一手漂亮的魏碑字，用电烙铁在吹塑纸上把一个个字烫出来，剪好底衬，贴在展板上，美观而大方，当时的我深深折服于老一辈教师深厚的美术功底。我们一起画画、一起练习书法，至今我都念念不忘他那矍铄的身影，永远是那么热情洋溢、充满激情。谢老师还带我参加遵义市的美术教研活动。他经常同我们说：“作为老师，要关注课堂，上好课是第一要务；美术老师，在学校要争取美术学科的阵地，不仅要教孩子们画好、写好，更重要的是培养能感受美的心灵，用美育启迪心智、健全人格。”他一直是这样践行的，也用这样的精神一直影响着我们年轻的一代。

我所在的遵义五中是一所完中，有初中也有高中。我每天的课表排得满满当当，偶尔还要超上几节，每天上完初中还要上高中，这样忙碌的工作也使我有机会能够积累起跨学段的美术课堂教学经验。这样工作2年之后，刚好遇到美术新课程改革，有机会到北京、长沙等地方去进行学习培训，接触到新的教育教学理论，聆听到尹少淳、高金英、魏书生等前辈大师的讲座，让我对美术教育有了新的认识和反思。

2004年，在谢以家老师的大力推荐下，我代表遵义市到贵阳参加全省美术教师基本功比赛。为了这一次比赛，我做足了准备，提前3个月开始备赛，结果不负众望，取得了全省的一等奖，有机会代表贵州省高中组参加全国中小学美术教师基本功比赛。这一次比赛对于我来说意义非凡，也就是在这次比赛当中，我认识了兰岗老师，有机会得到兰老师的悉心指导和关照。

兰老师是我省的美术教研员，第一次见到他，是在贵阳七中的美术室，当时里面布置了一个展览，兰老师还没来，我就先看了一圈。在入口处挂了一幅很大的油画，画的是西江苗寨吊脚楼，画面构图奇巧、画风细腻，兼具写实性和装饰意味，我震撼于作者的美术功底，就去寻找署名：兰岗。未见其人，先见其画，兰老师不仅在美术教育理论方面有很高的建树，在美术专业方面也是高山仰止，让我瞬间对未曾谋面的他升起景仰之情。见面后，兰老师不但没有高高在上的架子，而且还非常随和，总是面带微笑，温文尔雅，他首先给予我非常肯定的表扬和赞赏，让一向不自信的我，心里感到无比踏实，也充满感激。兰老师针对我在比赛中出现的情况，指出了我的优点和缺陷，还特别提醒我在加强理论学习的同时，要特别注意电脑设计的练习。我当时没有学过网页设计，他马上为我推荐了贵州广播电视大学电脑设计专业特别厉害的王巧星老师，并亲自打电话给王老师，请她务必好好带一带我，又叮嘱我一有空就要前去请教。兰老师对我这样一个第一次见面的青年教师，就给足了机会和平台，这让我一直感怀于心。在比赛临近的一个月当中，他把我们小、初、高三名老师叫到了贵阳，亲自予以指导，带我们向贵州画院的陈争老师学习国画，向贵州师范大学美术学院的郭达平教授学习色彩，每次学习他都在旁边作陪，观察我们的接受情况及出现的问题，及时给予耐心的指导和整改。为了打开我们的思路、拓宽我们的眼界，让我们的作品带有贵州乡土特色，他亲自带我们前往陈白秋老师原木画工作室和安顺石板寨进行实地采风学习，全心全意为我们的比赛夯实基础。在去湖南长沙比赛期间，兰老师不仅要安排我们的生活，还要帮我们调整好心态，对我们进行心理疏导。晚上还要给我们进行专业辅导，每天都要辅导到深夜，在这样的情况下，还不忘给我讲解美术的相关理论知识和答题技巧。最终我们贵州代表队的三位老师拿下了两个一等奖、一个二等奖的好成绩，这成绩的取得和兰老师的指导和引领有着直接的关系。这以后，兰老师每次来遵义，都会和我们聚一下，聊聊画画的心得，分享最近又有什么新作，讲讲最近美术教育的新观念，以及他到其他地方的见闻，一起分析我们上课的案例，指出我们的不足之处，提出改进意见……大家每次都会聊到很晚，却还意犹未尽，久久不想离去。

自从取得了全国比赛的成绩，汇川区教育局开始重视对我的培养，逐渐让我负责一些美术教师的培训，一直到后来让我负责全区的美术教研活动。在这段时间里，我结识了很多志同道合的教师朋友，我们不光是在区里进行教学展示活动、专业培训活动，还经常带领美术老师们通过自费的形式走出汇川区、走出遵义市，走向全省，到其他的市、区进行采风、学习，与其他市、区的老师们进行交流。其中给我们帮助最大的是到凯里八中贵州省中小学美术杨殿弼名师工作室进行的交流学习。杨殿弼老师不仅学识渊博，美术专业及文笔俱佳，而且幽默风趣，在为期28天的学习中，杨老师不仅以身垂范，向我们展示了他及八中团队精湛的课堂艺术，还用他美术教育工作的方法和技巧对我们施以影响，让我们少走弯路。一有闲暇时间，他就带着我们去苗乡侗寨进行采风学习，说“美术老师不能不画画，三天不摸手艺生，要经常练习。”有一次他带领我们深入雷公山古苗寨，参加当地的民俗活动，雷公山苍茫的山脊、深邃的云雾，吊脚楼上山民们淳朴的笑脸、乐观坚韧的生活态度，让我深刻地体验到原始而深沉的少数民族风情，让我对贵州苗族、侗族民俗和民间美术有了更深的认知。杨老师还引领我进行美术创作，并且亲自指正和修改，这样亦师亦友的交流让我受益良多。

2014年，我参加了遵义市美术优质课展示活动。这是一个全新的挑战，也是对我的美术课堂理解及技巧的一个检验。我上的是高中美术鉴赏课《千峰翠色》，是一堂关于瓷器的欣赏课。为了上好这一课，我把中国瓷器的历史认真研读了一遍，从工艺到材质、从器型到色彩、从古代到现代，结合课标要求，对资料进行取舍、提炼，在不断研究教材、研读课标、尝试各种教学教法、不断设计各个教学环节的过程中，体会到了探索美术教学技能的艰辛与乐趣。我们当时参加市级比赛的三位老师：邬义波、戚加和我，不仅仅是朋友，也是参加比赛的对手。我们互相听课、互相提整改意见、互相加油鼓劲，一起研究怎样突破课程的难点，怎样让学生对课程内容更感兴趣，让他们积极参与到课程当中，让课堂更加生动有活力。有时候为了一个好点子欢欣鼓舞，有时候为了一张图片的运用都要争论半天。出于对课堂的热爱，王松老师、张宇老师和遵义师范学院的教授后来都参与到讨论中，用他们深厚的专业知识和素养给予我们引领。大家的参与和投入，使我们对瓷器的了解逐步加深，老师之间还掀起了一场小小的瓷器“发烧友”风潮，大家开始研究瓷器、收藏瓷器。由于潜心课程，那段时间我甚至连做梦都梦见在上课。这样一路走来，我们让自己的课越来越丰富、越来越精彩。在比赛过后，听课的同学和老师普遍给出了很高的评价。对于我来说这次比赛收获的不仅仅是一个奖项，更多的是对美术课堂的研究和对美术教育理念的实施，以及对自己课堂艺术的不断创新过程中所体会到的满足和愉悦。自这次比赛过后，团队磨课成了遵义市赛课团队的固定模式，大家在这样的模式下各抒己见、畅所欲言，为了打造一堂完美的美术课而不断努力，并在其中体会到收获的喜悦。作为核心团队的几位成员老师，大家也逐渐成了非常要好的朋友。这么多年下来，大家不管是喝茶还是聚会，总是有共同感兴趣的话题：聊艺术、聊课堂、聊教研。大家在这样的气氛当中，取长补短、共同成长、共同提升。感受艺术的趣味，体悟生命的美好！

现在的我不仅仅在学校上课，服务于自己的学生；还有了自己的名师工作室，要带领一群年轻老师共同探索美术教育的真谛。看着他们，我就想起当年的我。有人说：人的一生能够遇到一个贵人的相助就已经是莫大的幸运，而我一路走来总能遇到给我无私帮助的贵人，我感恩他们，所以我也要求自己尽量去帮助我身边我能帮助到的年轻人，能助力他们的成长，能给予他们微薄的帮助，就是在传承前辈老师们的无私奉献的精神。著名哲学家雅斯贝尔斯在他的《什么是教育》中写道："教育的本质意味着：一棵树摇动一棵树、一朵云推动一朵云、一个灵魂唤醒一个灵魂。"我是被各位老师所推动的云，也愿意化作一朵云，推动其他的云朵，组成满天的云霞！

在我教育教学的路上，我将用足够的爱心去呵护、足够的慧心去引领、足够的耐心去等待。

——邱筱

邱筱，贵州省铜仁市第八中学美术高级教师，省、市级美术兼职教研员，铜仁市高中美术名师工作室主持人，铜仁市美术家协会会员，贵州文光书画研究会会员，主持和参与省、市、区教育科研课题多项，在省级刊物发表专业论文数篇。

向阳而生　向美而行

◇铜仁市第八中学　邱　筱

我选择美术作为自己事业发展的专业，又走上职业美术教师这条道路，这与我读小学时的环境和一次特殊的经历密切相关。

我的小学时光是在贵州省石阡县五德镇一个偏远小山村的民办小学度过的。那时的小学称之为大队民办小学，学校包括校长在内一共就6位教师，全校学生也就是两百多人。学校里的6位教师是从我们三个生产队里选拔出来的“佼佼者”，他们人人都是“多面手”，个个都是“大杂烩”，琴、棋、书、画，吹、拉、弹、唱，他们无所不能。我就是在这种环境下读书和成长起来的。由于受到这些老师的熏陶和感召，所以渐渐喜欢上了绘画。因此绘画成了我最大的爱好，时常会因沉浸于画画而废寝忘食。

有一次是我的数学老师李文章的课，下课铃声响了，按照学校的礼仪，学生是要先让老师走出教室，于是李老师上完课第一个走出教室。我尾随其后，李老师刚要跨出教室的大门，我看见他将手中剩下的一截粉笔头用手指弹到教室外的丛林中，我眼疾手快，纵身一跃跳到丛林中寻找那一截粉笔头。李老师好奇地问：“邱筱同学你找什么？”我回答道：“老师我找粉笔头啊。”李老师又追问道：“你找粉笔头干什么？”我回答道：“我用来画画。”李老师听了我的回答就明白我的意思，于是说道：“不用找了，你到我办公室来一趟。”我怀着忐忑不安的心情跟随李老师来到了教师办公室。李老师从办公室墙壁书架上拿下来一个小木盒，盒里装的不是别的，是半盒粉笔头。粉笔头大如指头、小如黄豆。李老师拿着半盒粉笔头和蔼地对我说：“你喜欢画画，就拿去画吧。可是我有个要求，你不能在学校用，拿回家去用是可以的。”于是他拉开我的衣兜把那半盒粉笔头倒进我的衣兜里。放学后，我带着李老师“嘉奖”的半盒粉笔头回到家。于是，我便用这些粉笔头便开启了我的绘画旅程，打开了我学习美术的大门。我家的庭院就是我绘画的基地，墙壁就是我绘画的阵地。我对绘画的执着和热爱在我们村子里一时传为佳话。

如今回想起来，李老师送给我的不仅是半盒粉笔头，更重要的是给了我对绘画的希望、给了我对绘画的兴趣、给了我对美的憧憬。

1987年，我考入了铜仁师范普师班学习。入校后，我一边学习文化科目，一边要利用课余时间学习绘画基础知识。有一次，校团委组织开展书画大赛，我报名参加了这次比赛活动，通过激烈的角逐，我获得了绘画第一名，学校的美术老师记住了我。后来学校创办美术兴趣班，我有幸成为其中的一员。经过3年美术班的学习，我不仅学习到了素描的基础知识和基本理论，还学到了做人做事的道理，为我后来投身中小学美术教育教学打下了坚实的基础。双向学习虽然辛苦，但是收获是满满的。我代表学校参加省、市书画比赛多次获奖，其中国画作品《碾子是碾子》荣获1998年“青春杯”省级一等奖。

时间过得很快，转眼3年过去了。1990年7月，我从铜仁师范毕业。带着母校的期望和老师的嘱托，带着献身乡村教育的精神，我回到了故乡，开启了我的乡村教学之旅。

跟大多数学校一样，当时学校里的大部分学生都不太重视美术这一科目。我意识到要想让自己的课程吸引学生，必须进行一次颠覆性的变革。我决定让学生参与制定课程内容，通过改革内容来吸引学生们。于是，我让学生们分组讨论自己感兴趣的美术话题，并让他们在课堂上分享。出乎我的意料，学生们的话题五花八门，有的还相当专业。在听取了几组的意见分享后，我忽然萌生了一个想法：为什么不将学生的兴趣融入课程内容中呢？于是，我开始调整教学计划，将更多的学生兴趣点融入其中。

这样的改变让我尝到了“甜头”，学生们对美术课程的态度发生了翻天覆地的变化，他们开始主动参与课堂讨论，认真完成作业，甚至在课下也会自发组织一些美术活动。看到学生们对美术的热情被激发出来，我深感欣慰，对上好美术课也更有信心了。

除了课程内容改革，我也一直尝试使用各种新颖的教学手段。有一次，为了让学生更深入地了解某一绘画技法，我决定采用实景教学的方式。我带领学生们来到一处风景优美的山头，让他们在自然环境中观察、感受并尝试运用这一技法进行创作。实景教学不仅让学生们在实际操作中掌握了知识，更重要的是让他们体验到了学习的乐趣。在山头上、树林里，学生们相互交流、探讨，彼此分享创作心得。这种开放式的教学方法让学生们感受到了自由与放松，也让他们更加亲近大自然。除了教学内容和教学手段的改革外，我还特别注重与学生的情感交流。我深知，作为美术教师，我们不仅要传授知识，更要关心学生的成长和心理健康。因此，我经常利用课余时间与学生谈心，了解他们的生活和学习状况，倾听他们的烦恼和困惑。

在与学生的交流中，我发现了很多学生因为家庭或其他原因而承受着巨大的心理压力。为了帮助学生缓解压力、培养他们健康的心理品质，我尝试将心理学相关知识运用到教学实践中。

李娜是个安静、内向的孩子，她的父母在她很小的时候就离婚了，她跟着妈妈生活。家庭的变故使李娜在学校里变得孤僻、不合群，她的学习成绩也逐渐下滑。这个孩子的情况引起了我的注意，于是便开始关注这个特别的孩子。为了了解李娜的情况，我经常找她谈话，试图打开她的心扉。起初，她对我保持着戒备，不愿多说。但我没有放弃，坚持关心她的学习与生活，慢慢地，她开始向我敞开心扉，无话不说。她告诉我她的困扰、她的恐惧，以及她对家庭的担忧。我认真地听着，试图从她的角度去理解她的感受。了解到李娜的家庭情况后，我决定采取一些措施来帮助她。首先，我与李娜的妈妈取得了联系，向她反映李娜在学校的情况，并建议她尽可能多地关注孩子的内心世界。同时，我也鼓励李娜多参加学校的集体活动，与同学们交往。在课堂上，我也时常给予李娜特别的关注，鼓励她积极回答问题，参与课堂讨论。然而，要有效地帮助一个孩子并不容易。尤其是对于单亲家庭的孩子，他们内心的敏感和脆弱常常成为其成长的阻碍。为了更好地帮助李娜同学，我开始了解和研究单亲家庭孩子的心理特点，并寻找合适的方法来引导他们健康成长。我意识到，对于这些孩子来说，关心和陪伴比任何教学方法都更加重要。渐渐地，李娜开始有了变化。她愿意主动参加学校的活动了，与同学们的关系也逐渐融洽。在课堂上，她也变得更加活跃，积极地与同学们讨论问题。看着李娜同学的进步，我非常高兴，也更进一步肯定了自己对李娜这类单亲家庭孩子所采取的帮扶方法是正确的。

多年后，李娜同学通过她的不懈努力也成了一名乡村美术教师。在一次全县小学美术优质课的竞赛中，我担任评委，见到了这个学生，她以优异的成绩夺得了一等奖，这在当时村级小学的历史上是从来没有过的。赛后她找到我，通过交流我太惊讶了，我觉得这个孩子变化真的是太大了。她那开朗的言谈、自信的神态，让我都不敢相信这是多年前那个孤僻、内向、自卑的女孩。我想，在教育的世界里，每个孩子都是一颗独特的星星，闪烁着各自的光芒。但对于一些单亲家庭的孩子，他们的光芒可能因为家庭的原因而稍显黯淡。作为一名教师，我有幸见证了这个温暖的故事。在这个过程中，我也深切体会到了教育不仅是教授知识，更是培养学生全面发展、健康成长的过程。作为教师，我们要关注学生的内心世界，关心他们的成长历程，努力把他们引上正确的人生道路。

随着时间的流逝，随着一次次课程改革的不断深入，各种新知识、新技术、新观念层出不穷。我深切地感到提升自身能力的重要性，更深知教育事业需要新的一代来接力，所以不仅要关注自己的专业发展，更要努力帮助青年教师快速成长。帮助他们转变教学观念，向他们传递先进的教学理念，帮助他们适应工作岗位，站稳三尺讲台。基于这种想法，对于刚走上讲台的青年教师，我总是耐心地对他们进行指导，帮助他们转换角色，理解教师的职责和使命，鼓励青年教师勇于尝试新的教学方法和教学策略，不断探索适合学生个性发展的教学方式。每当有青年教师向我寻求帮助、解惑答疑时，我总是毫不吝啬地与他们分享自己的经验和心得。

2016年我校通过人才引进，招考到西南大学美术学专业本科毕业的潘庆全老师。小潘老师初入八中时的专业面试考官是我，面试前我从其简历得知他的专业是美术学，擅长中国画。面试是从上午9点开始的，从考试教室外推门进来的是一个个头高大的山东小伙，几句寒暄后进入了正题。我问道：“潘老师你好，你将如何引导高中学生鉴赏《十里锦江图》？”潘老师从构图、用笔、用墨和环境保护等方面一一作答。我从潘老师的回答得知：他的专业功底非常扎实，是一位可塑性很强的青年。他入职后拜我为师，在对小潘的教学指导过程中，我发现潘老师年轻、充满活力，对教育有着火热的激情。但在教学经验上，却显得有些稚嫩。潘老师并没有急于求成，而是以他谦虚向上的心态，向经验丰富的教师们求取真经。我对他的教学工作把关非常严格，不管是备课、上课，我都是做到“三审”之后再同意上课。教学上我总是坚持“教学相长”的原则，我们相互学习、共同成长。在学校的美术展览上，潘老师的作品受到了大家的一致好评。他用自己的实际行动证明了年轻一代教师的实力。经过3年的磨砺，在2018年春，小潘参加了铜仁市高中美术优质课比赛，获得了教学一等奖和课件制作一等奖的好成绩。

作为名师工作室主持人，在教研教改和学科引领方面，我总是为青年教师树标杆、做榜样。多年来对青年教师的帮扶指导，我总是倾囊相助、不遗余力。我的课题是多元的，参与人可以是音乐教师，也可以是舞蹈教师；可以是体育教师，也可以是语文教师。因为艺术本来就是多元的。无论是每一次的“同课异构”还是“送课下乡”活动，我都是精心准备，率先垂范。对于青年教师每一次将要参赛的优质课，我都严格把关，层层打磨，反复修改，力求达到最好的效果。自2018年至2022年，我辅导的多名老师先后获得省、市级美术优质课比赛一等奖。

时光匆匆，一晃眼，我从教三十多年的时间就过去了。虽然取得了小小的成就，得到了学生、同事、领导的肯定，但我深知自己在专业能力、教育思想等方面尚多有欠缺，所以也有着强烈的紧迫感。特别是在当今“三新”（新高考、新课标、新课程）背景下，美术教育正面临着前所未有的挑战，传统的教学手段已经不适应今天的育人需要，如何在新的时代背景下，发挥美术教育的独特价值，培养具有创新精神和实践能力的优秀人才，是当前美术学科发展的重要课题，更是我们美术教师要思考的重大问题。虽然我在中小学美术教育教学这个岗位已干不了几年了，但我定当不忘初心，一如既往，努力提升自己的专业能力和教育思想，让自己能跟得上教育改革的时代步伐，能为学校、为家乡的美术教育多做些事。

后 记

这个贵州中小学美术名师叙事的集子，自2022年11月征稿到2024年5月书稿基本成形并即将付梓，前后加起来也就一年半时间，感觉效率还是比较高的。这首先是得益于名师们的积极支持和参与，在较短时间内就完成了自己的稿子并提交上来；再就是大部分名师稿子的质量确实是不错的，在他们的书稿里，不乏真实感人的事迹、情感的自然流露、执着的美术教育情怀、对学生发自内心的爱及同事之间深厚的友情……所有这些，都使得书稿内容充实而富有可读性。

这个集子中的作者，大多是我所了解和熟知的。因此在修改他们的稿子时，脑海里总是会浮现出他们鲜活的身影。我会想起与他们在学校、在教室、在乡村、在培训会场，甚至在一起喝茶或吃饭时，话题总是离不开美术教育的情景。一幕幕的情景是如此真切，仿佛历历在目，让我感慨不已。以至于有时不得不停下在电脑键盘上来回敲打的双手，让自己的心绪得以平复。实际上，我和其中很多老师都是在彼此的支持、陪伴、帮助中共同成长的。看到经过十年、二十年、三十年的磨砺，他们都成长、成熟了，也都各有建树，桃李遍布，我是由衷地感到欣慰。当然，他们中有的也快退休了，而我也老了，这难免又会生出些许伤感。好在这些老师大都通过自己的名师工作室和教研的渠道，培养了一批批年轻的美术教师，而这些后来者在名师的影响和感召下，得到了全方位的发展和成长并又影响了他人。这种情形就像一些名师说的雅斯贝尔斯那段充满诗性和哲理的话："教育的本质意味着：一棵树摇动一棵树、一朵云推动一朵云、一个灵魂唤醒一个灵魂。"所以，对贵州中小学美术教育的明天，我和这些名师一样，满怀信心，充满希望！

有些遗憾的是，还有更多的中小学美术名师，或由于工作繁重，没有时间撰写稿子；或因稿子不符合征稿要求，最终未能入选。相信他们和这个集子中的名师一样，有着自己真实感人的教育成长故事，有着不俗的美术教育业绩。他们也是在日常平凡的美术教育教学工作中，用美浸润孩子们的心灵，在贵州的中小学美育土地上辛勤地耕耘。所以，他们同样值得我们敬佩。

最后，要感谢尹少淳教授给这个集子作序，还要感谢贵州人民出版社、江西美术出版社对这个集子的出版给予的大力支持。这么多年来，他们一直在关心、支持贵州的中小学美术教育教学工作，这种关心和支持对贵州中小学美术教育的发展是很重要的。

兰　岗

2024年5月